- 国家出版基金资助项目
- 弘扬社会主义核心价值体系出版工程重点图书
- 国家社会科学基金重大招标课题“实施中国特色社会主义理论体系普及计划的途径、载体和方法研究”项目成果
- 国家社会科学基金重大课题“新形势下党的建设科学化研究”项目成果

弘扬社会主义核心价值体系出版工程重点图书

中国特色社会主义理论体系普及读本

总主编：顾海良　佘双好

领导核心　执政使命　伟大工程

中国马克思主义执政党建设

丁俊萍　编著

图书在版编目(CIP)数据

领导核心　执政使命　伟大工程:中国马克思主义执政党建设/丁俊萍编著.—武汉:武汉大学出版社,2014.5
(中国特色社会主义理论体系普及读本/顾海良 佘双好主编)
弘扬社会主义核心价值体系出版工程重点图书
ISBN 978-7-307-13345-7

Ⅰ.领…　Ⅱ.丁…　Ⅲ.中国共产党—执政—党的建设—学习参考资料　Ⅳ.D25

中国版本图书馆 CIP 数据核字(2014)第 098732 号

责任编辑:詹　蜜　　责任校对:汪欣怡　　版式设计:马　佳

出版发行:**武汉大学出版社**　(430072　武昌　珞珈山)
(电子邮件:cbs22@whu.edu.cn 网址:www.wdp.whu.edu.cn)
印刷:武汉中远印务有限公司
开本:720×1000　1/16　印张:10.25　字数:143 千字　插页:4
版次:2014 年 5 月第 1 版　　2014 年 5 月第 1 次印刷
ISBN 978-7-307-13345-7　　定价:27.00 元

总序言

顾海良

围绕中国特色社会主义理论体系和社会主义核心价值体系的基本现状，我们编写了“中国特色社会主义理论体系普及读本”丛书，它是国家弘扬社会主义核心价值体系出版工程重点图书。丛书分作十二册，以中国特色社会主义理论体系和社会主义核心价值体系的基本内容和精神实质为主线，力图对当代中国马克思主义的这两个重要理论成果作出全面的探索和适合于马克思主义中国化时代化大众化的阐释。

中国特色社会主义理论体系是包括邓小平理论、“三个代表”重要思想、科学发展观在内的科学理论体系，是对马克思列宁主义、毛泽东思想的继承和发展，是马克思主义中国化最新成果，是实现中华民族伟大复兴的正确理论。这一理论体系，在建设中国特色社会主义的思想路线、发展道路、发展阶段、发展战略、根本任务、发展动力、依靠力量、国际战略、领导力量和根本目的等各个方面，在中国特色社会主义经济建设、政治建设、文化建设、社会建设、生态文明建设和党的建设等各个领域，形成了一系列独创性的思想理论观点，回答了在中国这样一个十几亿人口的发展中大国建设社会主义的一系列重大的理论和实践问题。这一理论体系，与中国特色社会主义的道路和制度密切地联系在一起，道路是实现途径、制度是根本保障、理论体系是行动指南，三者统一于中国特色社会主义伟大实践，并随着实践而不断发展和完善。在当代中国，坚持和发展中国特色社会主义，最根本的就是要坚持和拓展中国特色社会主义道路，坚持和丰富中国特色社会主义理论体系，坚持和完善中国特色社会主义制度，坚定中国特色社会主义的道路自信、制度自信、理论自信。

社会主义核心价值体系的基本内容包括马克思主义指导思想、中国特色社会主义共同理想、以爱国主义为核心的民族精神和以改革创新为核心的时代精神、社会主义荣辱观。社会主义核心价值体系是兴国之魂，是社会主义先进文化的精髓，是中国特色社会主义精神力量的内核，是社会主义意识形态的本质体现，决定着中国特色社会主义发展方向。社会主义核心价值体系要融入国民教育、精神文明建设和党的建设全过程，贯穿改革开放和社会主义现代化建设各领域。在社会主义核心价值体系建设中，要积极培育和践行社会主义核心价值观。社会主义核心价值观是社会主义核心价值体系的内核力和聚焦点，渗透于社会主义核心价值体系的各个方面。培育和践行社会主义核心价值观，是建设社会主义核心价值体系的根本任务，是加强社会主义核心价值体系建设的最为基本的也是最为重要的方面。

我们希望，丛书能以我国改革开放和现代化建设的实际问题、以我们正在做的事情为中心，着眼于马克思主义理论的运用，着眼于实际问题的理论思考，着眼于新的实践和新的发现。“明者因时而变，知者随事而制”。在对中国特色社会主义理论体系和社会主义核心价值体系的研究和阐释中，能凸显马克思主义基本原理的科学内涵、精神实质和时代风格，提升中国特色社会主义道路和制度探索的理论精髓，体现科学社会主义当代发展的新概括和新提炼。能在现实、理论与历史的结合上，在党性和人民性的统一上，在维护国家意识形态安全和发挥意识形态引导功能的协同上，在中国的现实发展和中国梦的未来憧憬的联结上，彰显中国化马克思主义的解释力、影响力和作用力，提升中国化马克思主义的理论自觉、理论自信和理论自强。

我们希望，丛书能从多方面阐明中国特色社会主义理论体系和社会主义核心价值体系，在丰富人民精神世界、增强人民精神力量、满足人民精神需求上的理论指导和实践导向，对全社会形成统一指导思想、共同理想信念、强大民族精神和时代精神力量及基本道德规范上发挥强大的推进力；在巩固壮大主流思想舆论和弘扬主旋律上，产生更大的正能量，激发全社会团结奋进的强大力量；在事关大是大非和政治原则问题上，能划清是非界限、澄清模糊认识，增强主动性、掌握主动权、打好主动仗；在积极引领社会思潮中发挥中坚作用，在多元中立主导、在多样中谋共识、在多变中定方向。

我们希望，丛书能在学习借鉴人类文明成果的基础上，用中国的理论研究和话语体系解读中国实践、中国道路、中国形象，不断概括出理论联系实际的、科学的、开放融通的新概念新范畴新表述，传播中国好声音，形成具有中国特色、中国风格、中国气派的哲学社会科学学术话语体系。能把握好“时、度、效”，努力讲真、讲实、讲好、讲活、讲深中国故事、中国情怀，进一步扩大中国道路、制度及其理论体系和核心价值观的感召力、影响力和认同力，不断提升国家文化软实力和中华文化国际感染力。

丛书是由武汉大学马克思主义理论学科的老师们合作撰写的，也是以佘双好教授为首席专家的国家社会科学基金重大招标课题“实施中国特色社会主义理论体系普及计划的途径、载体和方法研究”项目的部分研究成果。

2013年9月10日

目　录

CONTENTS

引　言

20世纪20年代初，一道闪电划破了“长夜难明赤县天”，给处在半殖民地半封建社会的黑暗中国带来了光明和希望。1921年7月23日，一群平均年龄28岁的共产主义知识分子，汇聚在上海法租界望志路106号，开始举行中国共产党第一次全国代表大会。因会场受到法租界巡捕的搜查，最后一天会议转移到浙江嘉兴南湖的一条游船上举行。大会宣告了中国共产党的成立。“革命声传画舫中，诞生共党导工农。”①中国共产党的诞生，是一个开天辟地的大事件。从此，领导中国人民争取民族独立和人民解放、实现国家富强和人民共同富裕、实现中华民族伟大复兴的历史使命，历史地落到了中国共产党人的肩上。历史选择了中国共产党。“自从有了中国共产党，中国革命的面目就焕然一新了。”②

中国古代有句名言：“其作始也简，其将毕也必巨。”③意指有些事情开始时极其微小，不被重视，后来却发展壮大起来，成就了一番大事业。中国古代哲人庄子的这句话曾被毛泽东在1945年4月中共七大预备会上引用，来形容中国共产党的成立及其发展。1945年6月17日，毛泽东在中国革命死难烈士追悼大会上发表演说时，又一次引用了“其作始也简，其将毕也必巨”这句话，并解释说：“‘作始’就是开头的时候，‘简’就是很少，是简略的，‘将毕’就是快结束的时候，‘巨’就是巨大、伟大。这可以用来说明是有生命力的东西，有生命力的国家，有生命力的人民群众，有生命力的政党。”④“其作始也简，其将毕也必巨”，这句富有哲理的话正是中国共产党历史发展的真实写照。中国共产党刚刚成立时，只有几十名党员，没有多少人能够看到这个组织所

① 董必武：《清明节车过嘉兴访烟雨楼》，1964年。

② 《毛泽东选集》第4卷，人民出版社1991年版，第1357页。

③ 《庄子·人间世》。

④ 《毛泽东选集》第3卷，人民出版社1996年版，第435页。

蕴藏的巨大能量，也没有多少人能够预见到这一政治力量将会给苦难深重的中国带来怎样的历史巨变。正如胡乔木所说："'一大'开过了，似乎什么也没有发生，连报纸上也没有一点报道。但是中国的伟大事变在实质上却开始了。"①中国共产党的成立，"是中华民族发展史上开天辟地的大事变。从此，中国人民踏上了争取民族独立、人民解放的光明道路，开启了实现国家富强、人民富裕的壮丽征程"②。

中国共产党成立以来，几代共产党人团结带领全国各族人民不懈奋斗，战胜各种艰难险阻，取得了中国革命、建设和改革的伟大胜利，从根本上改变了中华民族的命运，深刻影响着人类历史的进程。中国共产党领导和执政的中国令世人瞩目，国际社会探讨的"中国模式"、"中国道路"、"中国经验"等热门话题，彰显了中国共产党的辉煌成就。与此同时，党的自身也在领导中国革命、建设和改革的风雨历程中不断发展壮大，从刚成立时一个处在秘密状态、只有50多名党员的小党，发展成为在中国长期执政，拥有8000多万党员、400多万个基层党组织的大党。中国共产党由"简"到"巨"的历史证明：代表人民群众根本利益、代表历史前进方向的马克思主义政党是充满旺盛生命力的，是任何艰难困苦都阻挡不了的。

中国共产党为什么能够从小到大、由弱到强，不断发展壮大？为什么能够经受考验、化解风险，做到艰难困苦、玉汝于成，不断开辟事业发展新局面？最根本的一条，就在于它坚持党领导的伟大事业和党的自身建设伟大工程相互促进，在坚定不移地推进伟大事业的同时，掌握并运用了党的建设这一重要法宝。

为了担负起历史赋予自己的使命，中国共产党自成立之日起，就高度重视自身建设，在不断推进事业发展的同时不断加强党的自身建设，使自己能够始终保持、发展马克思主义政党的先进性和纯洁性，从而为中国革命、建设和改革提

① 转引自沙健孙著：《二十世纪中国的历史道路——兼评若干社会思潮》，中国社会科学出版社2009年版，第55页。

② 胡锦涛：《在庆祝中国共产党成立90周年大会上的讲话》，人民出版社2011年版，第1页。

供了根本的政治保证。民主革命时期，毛泽东把党的建设称为“伟大的工程”，并胜利实施了这一工程，锻造了伟大光荣正确的中国共产党，从而领导人民革命取得了胜利，建立了中华人民共和国。中华人民共和国成立后，党的历史方位发生了重大变化，如何在执政条件下开展党的自身建设，从而不断提高党的执政能力，保持和发展党的先进性、纯洁性？这是摆在中国共产党人面前的一个全新而又艰巨的课题。能否正确地回答和解决这个重大课题，不仅关系到党的执政地位和兴衰成败，也关系到国家和民族的前途命运。对此，中国共产党人进行了艰辛探索，并最终找到一条具有中国特色的马克思主义执政党建设之路。在持续接力探索中，以毛泽东为核心的第一代中央领导集体开启了执政党建设之路的探索，以邓小平为核心的第二代中央领导集体在改革开放新时期开创了党的建设新的伟大工程，以江泽民为核心的第三代中央领导集体在社会主义市场经济条件下继续推进党的建设新的伟大工程，以胡锦涛为总书记的党中央以改革创新的精神全面推进了党的建设新的伟大工程。党的十八大以来，以习近平为总书记的党中央高度重视党的建设，提出了一系列新思想新观点新要求，进一步丰富了马克思主义建党学说，为全面提高党的建设科学化水平提供了新的理论指导。党的建设新的伟大工程的实施，从根本上保证了党领导的中国特色社会主义伟大事业的不断发展。

在新的历史条件下，面对风云变幻的国际形势、艰巨繁重的国内改革发展稳定任务、各种困难和风险的挑战和考验，肩负着团结带领人民全面建成小康社会、推进社会主义现代化、实现中华民族伟大复兴的中国梦的历史重任，中国共产党必须以改革创新精神全面推进党的建设新的伟大工程，全面提高党的建设科学化水平。

马克思主义执政党建设是一项复杂的系统工程。党的建设主线是加强党的执政能力建设、先进性和纯洁性建设；方针是坚持解放思想、改革创新，坚持党要管党、从严治党；总布局是党的思想建设、组织建设、作风建设、反腐倡廉建设、制度建设“五位一体”；关键是增强党的自我净化、自我完善、自我革新、自我提高能力；任务是建设学习型、服务型、创新型的马克思主义执政党；目标是确保党始终成为中国特色社会主义事业的坚强领导核心。

中国共产党 90 多年来的发展历程告诉我们，理论上的成熟是政治上坚实的基础，理论上的与时俱进是行动上锐意进取的前提，思想上的统一是全党步调一致的重要保证。明确新的历史条件下党的建设目标和路径，增强党的建设理论上的清醒和行动上的自觉，有助于我们在新的历史条件下以改革创新精神全面推进党的建设新的伟大工程，全面提高党的建设科学化水平。

领导核心篇

篇首语

在当今世界，中国共产党是在世界上最大的发展中国家领导改革开放和社会主义现代化建设的大党，是世界上最大的执政党。中国共产党的领导和执政地位、执政能力和业绩、自身建设和形象，得到世界广泛关注。人们从不同角度观察中国共产党，甚至有人将中国共产党称为“地球上最大的政治奇迹之一”，认为从来没有一个如此庞大的民族在这么短的时间内实现物质生活条件如此根本性的改善，但是中国共产党做到了，“中共的体制对中国的适应度是超过许多人的想象的，这是促成中国经济大繁荣的重要原因”①。显然，人们在探究“中国奇迹”、“中国道路”、“中国模式”的同时，“中国共产党为什么能?”也成为许多关注中国发展和人类命运的人们经常思考的问题。

---

① 转引自《中共领导人多次登〈时代〉封面报道逐渐客观立体》，人民网-《人民日报海外版》2011 年 6 月 3 日，http：//politics. people. com. cn/GB/1026/14820204. html.

第1章 中国共产党领导的必然与可能

1.1 历史选择

中华民族是一个伟大的民族，曾经创造了辉煌灿烂的历史和文化。数千年来，中国虽然历尽沧桑，其历史文化却始终绵延发展、传承不绝。1840年鸦片战争以后，中国逐步成为半殖民地半封建社会。国家备受帝国主义列强掠夺欺凌，人民备受帝国主义、封建主义和官僚资本主义的剥削压迫。面对日益严重的民族危机，救亡图存、振兴中华成为中华民族迫在眉睫的民族使命，争取民族独立、人民解放和实现国家富强、人民富裕成为近代以来中国人民面临的两大历史任务。

为了完成两大历史任务，实现中华民族的伟大复兴，无数仁人志士进行了千辛万苦的探索和不屈不挠的斗争。从地主阶级内部有识之士提出"睁眼看世界"、"师夷长技以制夷"，到洋务派进行以"自强"、"求富"为目标的洋务运动，从农民阶级太平天国运动、义和团运动，到民族资产阶级的戊戌维新运动，不甘屈服的中国人民一次次抗争，但又一次次失败。孙中山先生领导的辛亥革命，结束了统治中国几千年的封建专制制度，对推动中国社会进步具有重大意义，但也未能改变中国半殖民地半封建的社会性质和中国人民的悲惨命运。"事实说明，不触动封建根基的自强运动和改良主义，旧式的农民战争，资产阶级革命派领导的革命，照搬西方资本主义的其他种种方案，都不能完成中华民族救亡图存的民族使命和反帝反封建的历史任务。要解决中国发展进步问题，必须找到能够指导中国人民进行反帝反封建革命的先进理论，必须找到能够领导中国社会变革的先进社会力量。"①

① 胡锦涛：《在庆祝中国共产党成立90周年大会上的讲话》，人民出版社2011年版，第2~3页。

就在先进的中国人继续上下求索新的救国救民真理之际，第一次世界大战和俄国十月革命发生了。第一次世界大战的爆发，以极端的形式进一步暴露了帝国主义固有的不可克服的矛盾，也造成了革命的形势。1917 年俄国爆发十月社会主义革命，建立了一个不同于以往的维护大多数人利益的崭新的社会制度，也使正在苦闷彷徨之中的中国先进分子看到了民族解放的希望。“十月革命一声炮响，给我们送来了马克思列宁主义。十月革命帮助了全世界的也帮助了中国的先进分子，用无产阶级的宇宙观作为观察国家命运的工具，重新考虑自己的问题。走俄国人的路——这就是结论。”① 1919 年，以巴黎和会上中国外交失败为导火线的五四运动爆发了。青年学生走在斗争的前列，中国工人阶级开始以独立的姿态登上了历史舞台，并对这场斗争的胜利发挥了决定性的作用，显示了强大的力量。五四运动促进了马克思主义在中国的传播及其与中国工人运动的结合。在此基础上，中国共产党于 1921 年 7 月召开了第一次全国代表大会，正式宣告了中国共产党的成立。

> 中国共产党的诞生，是近现代中国历史发展的必然产物，是中国人民在救亡图存斗争中顽强求索的必然产物。从此，中国革命有了正确前进方向，中国人民有了强大精神力量，中国命运有了光明发展前景。
>
> ——胡锦涛：《在庆祝中国共产党成立 90 周年大会上的讲话》，人民出版社 2011 年版，第 3 页。

中国共产党担当起了争取民族独立、人民解放和实现国家富强、人民富裕这两大历史任务的责任，集中体现为党成立以来紧紧依靠人民完成和推进了三件大事：

第一件大事是完成了新民主主义革命，实现了民族独

① 《毛泽东选集》第 4 卷，人民出版社 1991 年版，第 1471 页。

立、人民解放。我们经过 28 年浴血奋战，打败日本帝国主义侵略，推翻国民党反动统治，建立了中华人民共和国。中华人民共和国的成立，使人民成为国家、社会和自己命运的主人，实现了中国从几千年封建专制制度向人民民主制度的伟大跨越，实现了中国高度统一和各民族空前团结，彻底结束了旧中国半殖民地半封建社会的历史，彻底结束了旧中国一盘散沙的局面，彻底废除了列强强加给中国的不平等条约和帝国主义在中国的一切特权。中国人民从此站立起来了，中华民族发展进步从此开启了新的历史纪元。

第二件大事是完成了社会主义革命，确立了社会主义基本制度。我们创造性地实现了由新民主主义到社会主义的转变，使占世界人口 1/4 的东方大国进入社会主义社会，实现了中国历史上最广泛、最深刻的社会变革。我们建立起独立的比较完整的工业体系和国民经济体系，积累了在中国这样一个社会生产力水平十分落后的东方大国进行社会主义建设的重要经验。

第三件大事是进行了改革开放新的伟大革命，开创、坚持、发展了中国特色社会主义。党的十一届三中全会以来，我们总结我国社会主义建设经验，同时借鉴国际经验，以巨大的政治勇气、理论勇气、实践勇气实行改革开放，经过艰辛探索，形成了党在社会主义初级阶段的基本理论、基本路线、基本纲领、基本经验，建立和完善了社会主义市场经济体制，坚持全方位对外开放，推动社会主义现代化建设取得举世瞩目的伟大成就。

“这三件大事，从根本上改变了中国人民和中华民族的前途命运，不可逆转地结束了近代以后中国内忧外患、积贫积弱的悲惨命运，不可逆转地开启了中华民族不断发展壮大、走向伟大复兴的历史进程，使具有 5000 多年文明历史的中国面貌焕然一新，中华民族伟大复兴展现出前所未有的光明前景。”①

历史有力地证明了这样一个真理：“没有中国共产党的

① 胡锦涛：《在庆祝中国共产党成立 90 周年大会上的讲话》，人民出版社 2011 年版，第 4~5 页。

努力，没有中国共产党人做中国人民的中流砥柱，中国的独立和解放是不可能的，中国的工业化和农业近代化也是不可能的。”①从历史的比较中，“中国人民和中华民族一切爱国力量深深认识到，中国能从最悲惨的境遇向着光明的前途实现伟大的历史转变，就是因为有了中国共产党的领导。没有共产党，就没有新中国。有了共产党，中国的面貌就焕然一新。这是中国人民从长期奋斗历程中得到的最基本最重要的结论。”②党的领导的必要性和重要性得到了历史的验证，走社会主义道路符合中国的社会发展规律，符合最广大人民群众的根本利益。正是在这个意义上，我们说，中国共产党的领导地位不是自封的，是在长期革命、建设、改革与发展的实践中逐步形成并巩固起来的，是近代以来中国历史的选择和人民的选择。这一选择是和选择马克思主义、选择社会主义、选择改革开放联系在一起的。“中国人民选择共产党的领导，选择走社会主义道路，这是在长期艰苦卓绝的斗争中得到的共同认识，反映了历史发展的必然。……历史和现实反复证明，要走社会主义道路，就不能没有共产党领导。没有中国共产党的领导，就没有中国的社会主义。”③

正是在中国共产党成立并担负起救亡图存的民族使命以后，中国人民才从此踏上了争取民族独立、人民解放的光明道路，开启了实现国家富强、人民富裕的壮丽征程，并完成和推进了三件大事，正在中国特色社会主义伟大旗帜指引下满怀信心地走向中华民族伟大复兴。

1.2 事业需要

中国共产党紧紧依靠人民完成和推进的三件大事，把近代以来中华民族面临的两大历史任务连接起来，把历史中国和当代中国连接起来。当代中国的历史任务，就是要在此基础上继续书写中华民族伟大复兴的辉煌篇章。

认识当代中国的历史任务，必须把握两大历史任务之间

① 《毛泽东选集》第3卷，人民出版社1991年版，第1098页。
② 《江泽民文选》第3卷，人民出版社2006年版，第266页。
③ 《江泽民文选》第3卷，人民出版社2006年版，第91~92页。

的关系。民族独立、人民解放，是实现国家富强、人民富裕的历史前提，只有实现这一历史任务，才能为当代中国的发展进步扫清障碍、创造条件。实现国家富强、人民富裕，是实现民族独立、人民解放的根本目的，也是保证国家强大、维护民族尊严的重要物质基础。当今世界一些发展中国家政局动荡、社会不稳，人民饱受战乱和动荡之苦的事实说明，如果不能实现国家富强和人民富裕，国家和民族的发展就会受到制约，甚至已经取得的历史成果也有可能重新丧失。

认识当代中国的历史任务，应当展望和把握未来中国发展的光明前景。进入新世纪以来，中国共产党明确提出，要在中国共产党成立 100 周年时全面建成小康社会，在中华人民共和国成立 100 周年时建成富强民主文明和谐的社会主义现代化国家，实现中华民族伟大复兴的中国梦。实现“两个一百年”的奋斗目标和伟大的中国梦，就是要实现国家富强、民族振兴、人民幸福。这是近代以来中华民族两大历史任务的继续和发展，是当代中国的历史任务。完成这一任务，必须坚持和发展中国特色社会主义。

中国特色社会主义的主要内容，就是我们党把科学社会主义基本原则同当代中国实际相结合，探索如何建设中国特色社会主义取得的一系列实践创新、理论创新和制度创新成果，其内容极为丰富，主要包括中国特色社会主义道路、中国特色社会主义理论体系、中国特色社会主义制度的科学内涵及其相互关系，以及建设中国特色社会主义的总依据、总布局、总任务和基本要求。

中国特色社会主义，是凝聚全党全国各族人民团结奋斗的旗帜。它把社会主义发展与中华民族伟大复兴的历史任务紧密联系在一起，把实现社会主义现代化与人民共同富裕紧密联系在一起，把国家的安危荣辱和个人的幸福紧密联系在一起，代表了中国最广大人民的意愿和利益，是激励全党全国各族人民的强大精神力量。只有在中国特色社会主义伟大旗帜下，才能最大限度地团结和凝聚不同社会阶层、不同利益群体的人们，为实现中华民族伟大复兴而共同奋斗。

中国特色社会主义，是引领中国走向繁荣富强的旗帜。改革开放 30 多年来，在中国特色社会主义旗帜指引下，中国获得了自近代以来从未有过的长期快速稳定发展，取得了举世瞩目的伟大成就。中国的经济实力、综合国力不断增强，经济建设、政治建设、文化建设、社会建设、生态文明建设和党的建设取得显著成就，人民生活总体上达到小康水平，并正在向更高水平的小康社会迈进。中国人民的面貌、社会主义中国的面貌、中国共产党的面貌，都发生了历史性变化。历史将证明，高举中国特色社会主义伟大旗帜，中国一定会迎来更加光明灿烂的发展前景。

中国特色社会主义之所以能够成为引领中国发展进步的旗帜，关键在于它既坚持了科学社会主义的基本原则，又根据中国实际和时代特征赋予其鲜明的中国特色。中国特色社会主义在实践中产生和发展，有着深厚的实践基础，具有鲜明的实践特色；系统回答了中国建设社会主义的一系列重大问题，丰富和发展了科学社会主义理论，具有鲜明的理论特色；立足中国基本国情，汲取中华民族优秀文化传统的丰富营养，具有鲜明的民族特色；顺应时代潮流、体现时代要求，学习借鉴现代文明的一切有益成果，始终与世界发展和人类文明进步紧密联系在一起，具有鲜明的时代特色。

中国特色社会主义是当代中国的主题，我国在改革开放与社会主义现代化建设新时期的理论创新和实践探索，都是紧紧围绕中国特色社会主义这个主题展开的。在当代中国，只有高举中国特色社会主义伟大旗帜，坚定不移地走中国特色社会主义道路，才能完成当代中国的历史任务，实现中华民族的伟大复兴。我们要始终高举中国特色社会主义伟大旗帜，坚定中国特色社会主义的道路自信、理论自信、制度自信。

中国共产党是中国特色社会主义事业的领导核心。坚持和发展中国特色社会主义，关键是坚持和改善中国共产党的领导。

共产党的领导与科学社会主义从来都是联系在一起的，坚持共产党的领导是科学社会主义的题中应有之义。马克思恩格斯在1848年发表的《共产党宣言》，既是无产阶级政党第一个“详细的理论和实践的党纲”①，也是科学社会主义创

① 《马克思恩格斯选集》第1卷，人民出版社1995年版，第248页。

立的标志。显然，科学社会主义从创立之日起，就是和共产党的领导紧密联系在一起的。

> 共产党人为工人阶级的最近的目的和利益而斗争，但是他们在当前的运动中同时代表运动的未来。
>
> ——《马克思恩格斯选集》第 1 卷，人民出版社 1995 年版，第 306 页。

中国特色社会主义事业是由中国共产党领导和推进的。

从理论上看，中国共产党坚持把马克思主义与中国实际相结合，不断推进马克思主义中国化，相继形成了两大理论成果——毛泽东思想和中国特色社会主义理论体系，前者系统回答了在一个半殖民地半封建的东方大国，如何实现新民主主义革命和社会主义革命的问题，并且对建设什么样的社会主义、怎样建设社会主义进行了艰辛探索；后者系统回答了在中国这样一个十几亿人口的发展中大国建设什么样的社会主义、怎样建设社会主义，建设什么样的党、怎样建设党，实现什么样的发展、怎样发展等一系列重大问题。

从实践上看，中国共产党紧紧依靠人民完成了新民主主义革命和社会主义革命，创立了中华人民共和国，确立了社会主义基本制度，在此基础上，进行了改革开放新的伟大革命，开创、坚持、发展了中国特色社会主义。显然，没有中国共产党的领导，就不可能有中国特色社会主义基础的奠定和中国特色社会主义道路的开辟，也就不可能有中国特色社会主义事业。

坚持和发展中国特色社会主义，必须坚持和加强中国共产党的领导。毛泽东早就指出："中国共产党是全中国人民的领导核心。没有这样一个核心，社会主义事业就不能胜利。"①邓小平也明确指出："从根本上说，没有党的领导，

① 《毛泽东文集》第 7 卷，人民出版社 1999 年版，第 303 页。

就没有现代中国的一切。”①“中国由共产党领导，中国的社会主义现代化建设事业由共产党领导，这个原则是不能动摇的；动摇了中国就要倒退到分裂和混乱，就不可能实现现代化。”②他反复强调：“中国没有共产党的领导、不搞社会主义是没有前途的。这个道理已经得到证明，将来还要得到证明。”③“我们说的社会主义是具有中国特色的社会主义，而要建设社会主义，没有共产党的领导是不可能的。我们的历史已经证明了这一点。”④这是因为，中国特色社会主义事业是一项前所未有的崭新事业，建设和发展中国特色社会主义，是一个长期的艰巨复杂的实践过程，其中会有顺利之时，也会有曲折之时，需要有一个坚强有力的领导核心。坚持中国共产党的领导，是坚持、巩固和发展社会主义事业的根本保证，也是当代中国一切发展进步的根本保证。

其一，党的领导能够保证改革开放和现代化建设的正确方向。中国的现代化，是社会主义的现代化，中国的改革是社会主义制度的自我完善和自我发展；我们所采取的开放、搞活、改革等方面的政策，都是为了发展社会主义的经济、政治、文化，巩固和完善社会主义制度。只有坚持党的领导，才能在错综复杂的政治风云中，掌握改革开放和现代化建设的正确航向，使之沿着中国特色社会主义道路奋勇前进。

其二，党的领导能够保证改革开放和社会主义现代化建设任务胜利完成。中国的改革开放和社会主义现代化建设是一项非常艰巨复杂的事业，是一项伟大的创造性工程。它既不能从马克思主义书本里找到现成答案，也不能照搬照抄外国的经验和模式，而只能把马克思主义普遍真理同中国实际结合起来，走自己的路，建设中国特色的社会主义。这样前无古人的艰难而又伟大的事业，只有在中国共产党的领导下才能完成。经过 90 多年艰苦奋斗，中国共产党团结带领全国各族人民，把贫穷落后的旧中国变成日益走向繁荣富强的

---

① 《邓小平文选》第 2 卷，人民出版社 1994 年版，第 266 页。

② 《邓小平文选》第 2 卷，人民出版社 1994 年版，第 267～268 页。

③ 《邓小平文选》第 3 卷，人民出版社 1993 年版，第 195 页。

④ 《邓小平文选》第 3 卷，人民出版社 1993 年版，第 208 页。

新中国，中华民族伟大复兴展现出光明前景。但是，我们必须清醒地认识到，我国仍处于并将长期处于社会主义初级阶段的基本国情没有变，人民日益增长的物质文化需要同落后的社会生产之间的矛盾这一社会主要矛盾没有变，我国是世界最大发展中国家的国际地位没有变。在任何情况下都要牢牢把握社会主义初级阶段这个最大国情，推进任何方面的改革发展都要牢牢立足社会主义初级阶段这个最大实际。我们也必须清醒地看到，中国特色社会主义在发展中取得了辉煌成就，但在继续推进其进一步发展中，也面临着许多需要进一步探索和回答的重大课题，还有大量工作需要去做。总之，发展中国特色社会主义是一项长期的艰巨的历史任务，必须准备进行具有许多新的历史特点的伟大斗争。我们一定要毫不动摇坚持、与时俱进发展中国特色社会主义，不断丰富中国特色社会主义的实践特色、理论特色、民族特色、时代特色。因此，也就必须坚持中国共产党的领导核心地位。

其三，党的领导能够凝聚中国力量，动员全国各族人民为实现中华民族伟大复兴的中国梦而奋斗。中国梦是民族的梦，归根结底是人民的梦，必须紧紧依靠人民来实现，必须不断为人民造福。在我们这样一个多民族的发展中大国，要把十三亿多人的思想统一起来，要把十三亿多人的力量凝聚起来，向着富强民主文明和谐的社会主义现代化国家的目标前进，为实现中华民族伟大复兴的中国梦共同奋斗，必须有中国共产党的坚强领导。否则，就会一盘散沙，四分五裂，不仅中国梦实现不了，而且必然陷入混乱的深渊。这是总结近代以来中国发展的历程得出的结论，也为世界上许多国家发展的经验教训所一再证明。

其四，党的领导是全面建成小康社会和全面深化改革开放的需要。早在20世纪80年代，邓小平就提出了“分三步走，实现现代化”的发展战略。经过几十年的建设，我国的生产力水平、供求关系、体制环境、对外经济联系都发生了重大变化，已经完成现代化建设“三步走”战略的第一、二步目标，中国国民经济总量已经位居世界前列，人民生活水平也有了明显提高，我国已进入全面建成小康社会、加快推进社会主义现代化的新的发展阶段。这是中国特色社会主义的胜利，是改革开放带来的历史性成就。

党的十八大根据我国经济社会发展实际，在十六大、十七大确立的全面建设小康社会目标的基础上提出了全面建成小康社会的目标，这就是经济持续健康发展，人民民主不断扩大，文化软实力显著增强，人民生活水平全面提高，资源节约型、环境友好型社会建设取得重大进展。十八大指出：综观国际国内大势，我国发展仍处于可以大有作为的重要战略机遇期。我们要准确判断重要战略机遇期内涵和条件的变化，全面把握机遇，沉着应对挑战，赢得主动，赢得优势，赢得未来，确保到2020年实现全面建成小康社会的宏伟目标。

党的十八大强调，全面建成小康社会，必须以更大的政治勇气和智慧，不失时机地深化重要领域改革，坚决破除一切妨碍科学发展的思想观念和体制机制弊端，构建系统完备、科学规范、运行有效的制度体系，使各方面制度更加成熟、更加定型。

改革开放是中国共产党在新的时代条件下带领全国各族人民进行的新的伟大革命，是当代中国最鲜明的特色。1978年党的十一届三中全会召开以来，我们党以巨大的政治勇气，锐意推进经济体制、政治体制、文化体制、社会体制、生态文明体制和党的建设制度改革，不断扩大开放，决心之大、变革之深、影响之广前所未有，成就举世瞩目。改革开放最主要的成果是开创和发展了中国特色社会主义，为社会主义现代化建设提供了强大动力和有力保障。事实证明，改革开放是决定当代中国命运的关键抉择，是党和人民事业大踏步赶上时代的重要法宝。

实践发展永无止境，解放思想永无止境，改革开放永无止境。面对新形势新任务，全面建成小康社会，进而建成富强民主文明和谐的社会主义现代化国家、实现中华民族伟大复兴的中国梦，必须在新的历史起点上全面深化改革，不断增强中国特色社会主义道路自信、理论自信、制度自信。①

① 《中共中央关于全面深化改革若干重大问题的决定》(2013年11月12日中国共产党第十八届中央委员会第三次全体会议通过)。

党的十八大以来，以习近平同志为总书记的党中央从历史经验和现实需要的高度，反复强调，改革开放是决定当代中国命运的关键一招，也是决定实现“两个一百年”奋斗目标、实现中华民族伟大复兴的关键一招，实践发展永无止境，解放思想永无止境，改革开放也永无止境，停顿和倒退没有出路，改革开放只有进行时，没有完成时。面对新形势新任务，我们必须通过全面深化改革，着力解决我国发展面临的一系列突出矛盾和问题，不断推进中国特色社会主义制度自我完善和发展。

当前，国内外环境都在发生极为广泛而深刻的变化，我国的发展面临着一系列突出矛盾和挑战，前进道路上还有不少困难和问题。比如：发展中不平衡、不协调、不可持续问题依然突出，科技创新能力不强，产业结构不合理，发展方式依然粗放，城乡区域发展差距和居民收入分配差距依然较大，社会矛盾明显增多，教育、就业、社会保障、医疗、住房、生态环境、食品药品安全、安全生产、社会治安、执法司法等关系群众切身利益的问题较多，部分群众生活困难，形式主义、官僚主义、享乐主义和奢靡之风问题突出，一些领域消极腐败现象易发多发，反腐败斗争形势依然严峻，等等。解决这些问题，关键在于深化改革，在于全面深化改革。

全面深化改革不是某个领域、某个方面的单项改革，而是包括了经济、政治、文化、社会、生态文明以及国防和军队改革、党的建设制度改革在内的全面改革。它与“五位一体”总体布局相适应，也是改革开放和社会主义现代化建设的实践需要。当改革进入攻坚期、深水区，只有坚持全面改革，才能继续深化改革。

党的十八届三中全会对全面深化改革做出了全面部署：全面深化改革的总目标是完善和发展中国特色社会主义制度，推进国家治理体系和治理能力现代化。必须更加注重改革的系统性、整体性、协同性，加快发展社会主义市场经济、民主政治、先进文化、和谐社会、生态文明，让一切劳动、知识、技术、管理、资本的活力竞相迸发，让一切创造社会财富的源泉充分涌流，让发展成果更多更公平惠及全体人民。①

全面深化改革的号角已经吹响，我国的改革开放到了一个新的重要关头。在这样一个新的历史关头，更需要加强中国共产党的领导。

全面深化改革必须坚持正确方向。方向至关重要，方向道路决定前途命运，中国的发展既不能走老路，也不能走邪路。只有加强党的领导，才能继续高高举起改革开放的时代旗帜，坚定不移、毫不动摇地推进改革开放，才能牢牢坚持中国特色社会主义道路的正确方向。

全面深化改革必须统筹协调、整体推进。全面深化改革是关系党和国家事业发展全局的重大战略部署。只有加强党的领导，才能统一部署全国性重大改革，统筹推进各领域改革，协调各方力量形成推进改革合力，加强督促检查，推动全面落实改革目标任务，才能做好改革的总体设计、统筹协调、整体推进、督促落实，更好发挥党总揽全局、协调各方的领导核心作用，保证改革顺利推进和各项改革任务落实。

全面深化改革需要决心和勇气，需要有胆有识、敢于碰硬、勇于担当，需要以踏石留印、抓铁有痕的精神真抓实干。只有加强党的领导，才能团结全国各族人民坚定改革信心，以更大的政治勇气和智慧、更有力的措施和办法推进改革。坚决排除一切干扰，及时化解各种难题，成功应对国内外正在发生或可能发生各种风险挑战，逢山开路，遇水搭桥，涉险过关，坚定不移地推进改革开放，才能凝聚全国各族人民的力量艰苦奋斗、顽强奋斗、不懈奋斗，为全面建成小康社会、实现“两个一百年”的奋斗目标、实现中华民族伟大复兴的中国梦开辟道路。

1.3　自身优势

中国共产党在中国特色社会主义事业中的领导核心地位，归根结底是由党的性质决定的。中国共产党是马克思主义与中国工人运动相结合的产物，是中国工人阶级的先锋

---

①　参见《中共中央关于全面深化改革若干重大问题的决定》(2013 年 11 月 12 日中国共产党第十八届中央委员会第三次全体会议通过)。

队，同时是中国人民和中华民族的先锋队。党在领导中国革命、建设和改革中也犯过许多错误甚至是严重错误，但从总体上说，不愧为伟大、光荣、正确的马克思主义政党，不愧为领导中国人民不断开创事业发展新局面的核心力量。中国共产党有资格、有能力担当起中国特色社会主义的领导责任。

中国特色社会主义事业需要党的领导。但是，党能不能担负起领导职责，取决于自身条件，正如邓小平所说："共产党有没有资格领导，这决定于我们党自己。"①党的领导地位来源于人民群众的认同，而人民群众的认同又取决于党的性质、党的宗旨、党的形象和党的业绩。当代中国之所以要坚持中国共产党的领导地位，坚持中国共产党的领导之所以是成就中国特色社会主义事业的关键，是与中国共产党自身的状况分不开的。党的性质、党的宗旨、党在长期实践中所展现出来的形象和业绩，都表明它有资格、有能力领导中国特色社会主义，保证中国特色社会主义事业的发展与成功。

1.3.1　党的性质

政党是有阶级性的，任何政党都代表一定阶级的利益，都有着自己赖以存在和发展的阶级基础。中国共产党从成立之日起，就是中国工人阶级的政党，始终坚持工人阶级先锋队的性质。

中国共产党是中国工人阶级的先锋队，同时是中国人民和中华民族的先锋队，是中国特色社会主义事业的领导核心，代表中国先进生产力的发展要求，代表中国先进文化的前进方向，代表中国最广大人民的根本利益。

——《中国共产党章程》(中国共产党第十八次全国代表大会部分修改，2012 年 11 月 14 日通过)。

① 《邓小平文选》第 1 卷，人民出版社 1994 年版，第 274 页。

中国共产党及其领导的事业之所以能够不断发展壮大，与党始终注意巩固自己的阶级基础，始终保持工人阶级先锋队的性质是分不开的。

从党的产生看，中国共产党以中国工人阶级为其阶级基础，是马克思列宁主义与中国工人运动相结合的产物。中国工人阶级的产生和发展是中国共产党建党的根本条件。中国工人阶级是近代以来我国社会发展特别是社会化大生产发展的产物，代表中国社会先进生产力和先进生产关系，具有大公无私、严格的组织纪律性和革命的坚定性、彻底性，以及与广大农民具有天然联系等优秀品格和特点。中国工人阶级的优秀品格和特点，在作为中国工人阶级先锋队的中国共产党身上得到了集中体现。

从党的组成看，中国共产党党员是中国工人阶级中有共产主义觉悟的先锋战士。中国共产党的阶级基础是工人阶级，但这并不意味着工人阶级队伍中的所有成员都可以入党，也并不意味着其他阶级出身的人都不能入党，更不能说吸收这些人当中符合入党条件的人加入党组织就会改变党的工人阶级先锋队性质。判断一个政党是什么性质的党，主要看它的理论和纲领究竟代表哪个阶级的利益。中国共产党的理论和纲领是代表工人阶级利益的，也是代表最广大人民的根本利益的。不管是哪个阶级出生的人，只要他符合党员条件，承认党的纲领和章程，愿意参加党的一个组织并在其中积极工作、执行党的决议和按期缴纳党费的，都可以申请加入中国共产党，在经过党组织的考察和一定的程序之后而成为一名共产党员。中国共产党党员永远是劳动人民的普通一员，但必须全心全意为人民服务，必须带头参加改革开放和社会主义现代化建设，在生产、工作、学习和社会生活中起先锋模范作用。

从党的指导思想看，中国共产党是以马克思主义为理论基础和行动指南的，代表了中国社会发展的正确方向。马克思主义是工人阶级及其政党完整而彻底的世界观。中国共产党成立之初，就把马克思主义作为自己的指导思想写在自己的旗帜上。在领导中国革命、建设和改革的长期实践中，党坚持把马克思主义与中国实际相结合，使马克思主义中国化，不断推进理论创新，实现党在指导思想上的与时俱进，引导中国的社会主义事业不断前进。党高度重视在思想上建党，坚持用马克思主义理论教育和武装全体党员，不仅要求党员在组织上入党，而且要求党员首先在思想上入党，指导他们为实现党的纲领和任务而奋斗。

中国共产党是中国工人阶级的先锋队，同时也是中国人民和中华民族的先锋队。党始终代表中国人民和中华民族的根本利益，按照中国的实际和中国人民的意愿，艰苦奋斗，造福于祖国与人民，始终不愧为中国人民和中华民族的主心骨，能够把全民族、全社会的力量高度凝聚起来，为着共同的理想和目标而团结奋斗。作为中国人民和中华民族的先锋队，中国共产党始终以国家富强、民族振兴、人民幸福为己任。把我国建设成为富强民主文明和谐的社会主义现代化国家，实现中华民族的伟大复兴，是一项前无古人的伟大事业，是历史赋予中国共产党人的神圣使命。中国共产党始终坚持把马克思主义基本原理同中国的具体实际相结合，不断开拓国家富强、民族振兴、人民幸福的新思路和新境界。它以工人阶级先锋队的政治胆识和胸襟，大力继承和发扬中华民族优秀文化传统，同时又积极主动地利用和借鉴当今世界一切先进文明成果。它高举共同理想的旗帜，把整个民族的力量空前凝聚起来，最大限度地调动和发挥一切积极因素。它把全民族各个阶层优秀分子积极吸纳到党内来，使自己真正成为中华民族赖以实现伟大复兴的“脊梁”，不断地为中国人民的福祉、为中华民族的复兴建功立业。

1.3.2　党的宗旨

中国共产党的“两个先锋队”的性质，决定党的根本宗旨是全心全意为人民服务。中国共产党代表中国工人阶级的利益，同时代表着中国广大人民和整个中华民族的利益，党除了工人阶级和最广大人民的利益，没有自己的特殊利益，也不追求特殊利益。坚持全心全意为人民服务的宗旨，是坚持马克思主义唯物史观的根本要求。为了谁、依靠谁，是否始终站在最广大人民的立场上，是区分唯物史观和唯心史观的分水岭，也是判断马克思主义政党的试金石。人民群众是历史的创造者，是推动历史进步的动力。只有为人民服务，共产党才有存在的意义；只有依靠人民群众，党才会有力量。

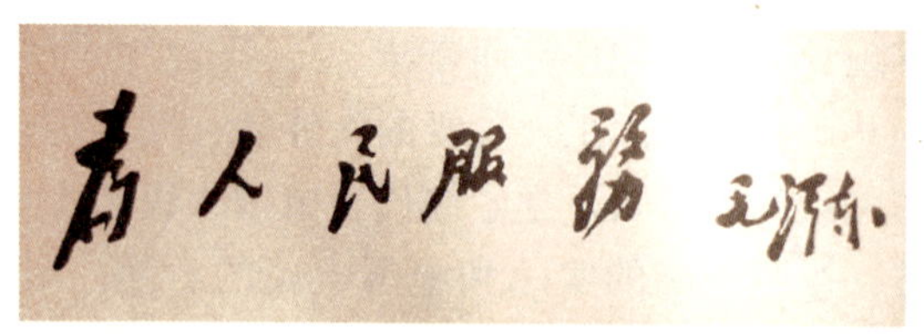

中国共产党从成立的那一天起，就把为人民服务作为自己的最高原则，把代表工人阶级和全国各族人民的利益作为党的一切活动的出发点和落脚点。这是中国共产党区别于其他任何政党的显著标志之一。中国共产党成立以来的奋斗史，就是一部全心全意为人民服务的历史。在革命战争年代，党领导新民主主义革命，为人民求解放，建立了人民民主专政的国家政权；在中华人民共和国成立后，党领导各族人民进行社会主义革命和社会主义建设，建立了社会主义基本制度，取得了社会主义建设的巨大成就；在改革开放和现代化建设新时期，党领导各族人民建设中国特色社会主义，实现国家现代化和中华民族伟大复兴，创造幸福美好生活。这一切，都是为了实现好、维护好、发展好中国最广大人民的根本利益。一切从人民的利益出发，全心全意为人民服务，是中国共产党的本质特征。立党为公、执政为民，是党的根本宗旨的集中体现。

1.3.3 党的业绩

中国共产党成立后，紧紧依靠人民，取得了中国革命、建设和改革的伟大成就。特别是 1949 年党在全国执政以来，取得了辉煌的业绩，主要表现为：全面建立了社会主义的基本制度，实现了中国历史上最广泛、最深刻的社会变革；开创了中国特色社会主义事业，为中华民族的伟大复兴开辟了正确的道路；建立了人民民主专政的国家政权，中国人民掌握了自己的命运；建立了独立的和比较完整的国民经济体系，经济实力和综合国力显著增强；不断发展社会主义先进文化，全国人民的精神生活日益丰富；形成了平等、团结、互助的社会主义民族关系，形成了中国共产党领导的多党合作制度，全体社会主义劳动者、拥护社会主义的爱国者和拥护祖国统一的爱国者，为了祖国的统一和繁荣结成了广泛的统一战线；建立起巩固的国防，维护了国家的独立和主权；坚持独立自主的和平外交政策，为世界和平与发展的崇高事业作出了重要贡献，社会主义中国的国际地位与日俱增。

正是在中国共产党的领导下，中国共产党人和全国各族人民前赴后继、顽强奋斗，不断夺取革命、建设、改革的重大胜利。中国从一个半殖民地半封建社会，越过漫长的资本主义发展的历史阶段，进入到社会主义新时代。从一个长期受帝国主义掠夺和奴役的国家，变成一个享有主权的独立的国家；从一个四分五裂的国家，变成一个除台湾等岛屿外实现统一的国家；从一个人民备受欺凌压迫的国家，变成一个人民当家作主、享有民主权利的国家。从一个经济文化落后的国家，变成一个走向经济繁荣、全面进步的国家；从一个在世界上被人看不起的国家，变成一个受到国际社会普遍尊重的国家。“今天，一个生机盎然的社会主义中国已经巍然屹立在世界东方，13 亿中国人民正在中国特色社会主义伟大旗帜指引下满怀信心走向中华民族伟大复兴。”①现在，我们比历史上任何时期都接近中华民族复兴的目标。党和全国各族人民正在为实现伟大的中国梦而继往开来，承前启后，共同奋斗，不懈努力。

相关链接

给中国共产党打一个高分

曾经，有人预言：中国永远摆脱不了一个不堪负担的压力，即庞大的人口，中共对此也无能为力。曾经，有人说：中国共产党军事上可以打 100 分，政治上可以打 80 分，而经济上却只能是零分。然而，在中国共产

① 胡锦涛：《在庆祝中国共产党成立 90 周年大会上的讲话》，人民出版社 2011 年版，第 1 页。

党的带领下，中国用没有争议的亮眼成绩击碎了这些曾经的预言。美国有线电视新闻网(CNN)前驻华首席记者齐迈克曾感慨地说，中国只用了30年的时间就把英国和美国在工业革命时期需要100年才能完成的使命完成了，极大地改善了中国人民的生活，仅凭这一点他就要“给中国共产党打一个高分”。

——摘自《外媒看中国共产党：地球上最大政治奇迹之一》，《人民日报》海外版2011年6月9日。

所有这些都说明，中国共产党的执政业绩是显著的，党的执政能力是在不断增强的，执政水平也在不断提高。人们有理由相信，随着党的建设新的伟大工程的不断推进，中国共产党将会不断创造出新的更加辉煌的业绩。

1.3.4 党的形象

中国共产党以全心全意为人民服务为宗旨，一向重视党的建设，在长期的实践中形成了理论联系实际、密切联系群众、批评与自我批评等优良传统和作风，培育了一代又一代的优秀共产党员。在他们身上，表现出优秀品格和高尚情操，很好地发挥了共产党员的先锋模范作用。正是千百万模范共产党员，铸造了中国共产党的主流形象。党按照民主集中制组织起来，形成了一个统一整体，在中国社会主义事业中发挥了坚强的领导核心作用。广大党员干部带头参加国家的改革开放和社会主义现代化建设，团结带动群众为经济发展和社会进步艰苦奋斗，在生产、工作、学习和社会生活中起先锋模范作用。邓小平曾对党长期以来形成的优势做了精辟概括，这就是：有好的指导思想；有好的党中央；有大批好的骨干；有好的传统、好的作风和一套健全的党内生活制度；有好的人民，人民对我们党有最大的信赖。① 改革开放以来，党中央高度重视党的自身建设，在继承和发扬党的优良传统的基础上，提出以改革创新的精神全面推进党的建设

① 参见《邓小平文选》第1卷，人民出版社1994年版，第298~300页。

新的伟大工程，逐步形成了以执政能力建设、先进性和纯洁性建设为主线，思想建设、组织建设、作风建设、反腐倡廉建设、制度建设五位一体的党的建设新格局。党的建设的不断加强和创新，对于塑造党的形象、增强党的吸引力和凝聚力起到了重要作用。

1.3.5　党对待自己所犯错误的态度

在谈到党的业绩和自身建设的时候，也不能回避党自身存在的问题，比如，我们党曾经犯过像“文化大革命”那样的错误；现在党内也存在一些消极腐败现象等。但是，任何政党在工作中都难免出现错误和失误，特别是像建设中国特色社会主义这样前无古人的事业，许多问题在任何经典著作中都找不到答案，也不可能照搬任何国家的发展模式，而只能靠我们自己在实践中去探索，因而出现错误和失误更是难免的。问题在于是否正确对待所犯错误，能否善于从所犯错误中总结经验、吸取教训、增长智慧，从而做好工作，更好地服务人民。

恩格斯指出：“伟大的阶级，正如伟大的民族一样，无论从哪方面学习都不如从自己所犯错误的后果中学习来得快。”①列宁更是指出：“公开承认错误，揭露犯错误的原因，分析产生错误的环境，仔细讨论改正错误的方法——这才是一个郑重的党的标志。”②中国共产党就是这样一个“郑重的党”。

中国共产党能够从弱小走向强大，从幼稚走向成熟，不是因为党没有犯过错误，而是因为党不断总结经验教训，善于总结经验教训，才能发展壮大。“党的领导当然不会没有错误，而党如何才能密切联系群众，实施正确的和有效的领导，也还是一个必须认真考虑和努力解决的问题，但是这决不能成为要求削弱和取消党的领导的理由。我们党经历过多次错误，但是我们每一次都依靠党而不是离开党纠正了自己

① 《马克思恩格斯选集》第 4 卷，人民出版社 1995 年版，第 432 页。

② 《列宁选集》第 4 卷，人民出版社 1995 年版，第 167 页。

的错误。”①从根本上讲，由于中国共产党以最广大人民群众的根本利益为一切政策的出发点和归宿，因此能够自觉地坚持真理，修正错误，不断克服党内存在的各种问题，进而不断自我净化、自我完善、自我革新、自我提高，始终践行立党为公、执政为民的理念，党也因此能够得到人民群众的拥护和支持。

回顾中国共产党成立以来中国的发展进步，可以得出一个基本结论：办好中国的事情，关键在中国共产党。在新的历史条件下，中国最广大人民群众的根本利益是要不断解放和发展生产力，建设富强民主文明和谐的社会主义现代化国家，实现人民的共同富裕，实现中华民族的伟大复兴。在中国，能够团结和带领全国各族人民实现这个宏伟目标的政治力量，只有中国共产党。党的领导是改革开放和社会主义现代化建设取得成功的根本保证。党具有巨大的政治优势、思想优势和组织优势，有能力正确处理各种复杂的社会矛盾，把亿万人民团结凝聚起来，共同建设美好未来；有能力应对复杂的国际环境的挑战，保证中国走独立自主的和平发展道路。坚持和发展中国特色社会主义，必须毫不动摇地坚持中国共产党的领导。

推荐书目

谢春涛主编：《历史的轨迹：中国共产党为什么能?》，新世界出版社 2011 年版。

① 《邓小平文选》第 2 卷，人民出版社 1994 年版，第 170 页。

第2章　党的领导核心作用与领导方式和执政方式

2.1　加强与改善党的领导

2.1.1　党的领导主要是政治、思想和组织的领导

党的领导，实际上是指中国共产党在国家与社会政治生活中的率领、引导作用。党的领导作用，突出地表现在确定方向、指明目标方面。这是党的领导最基本的功能。邓小平曾指出："什么叫领导？领导就是服务。"①从一定意义上说，党的领导的实质就是为人民服务。为人民服务是党的领导的目的与过程的统一，是党的领导的本质含义。

《中国共产党章程》规定：党的领导主要是政治、思想和组织的领导。

党的政治领导，主要是指党在国家与社会中确定政治原则、政治方向，领导重大决策的制定和实施。政治领导的实现方式，一是制定和实施党的路线、方针、政策。这是实现党的政治领导最基础的工作；二是在全国人民为实现共同目标而共同奋斗的实践中，共产党员应以自己的积极行动发挥先锋模范作用；三是建立、巩固和发展最广泛的统一战线，团结最大多数人为人民群众自己的事业奋斗；四是党的队伍的巩固与发展，思想的一致与纪律的严格性，是保证党的政治领导实现的自身条件。党在国家事务中实现政治领导的主要方式，是使党的主张经过法定程序转变成国家的政令和法规，经过党组织的活动和党员的模范作用带动广大人民群众，贯彻执行党的路线、方针、政策。

党的思想领导，主要是指用党的指导思想武装党员和教育人民，引导社会主流意识形态的方向，其根本目的是发展

① 《邓小平文选》第3卷，人民出版社1993年版，第121页。

社会主义先进文化，建设高度的社会主义精神文明。党的思想领导的主要实现方式，一是坚持马克思主义的指导地位，用社会主义核心价值体系引导社会思潮；二是坚持解放思想，实事求是，与时俱进，求真务实，引导人们更加全面客观地认识当代中国、看待外部世界；三是加强党的思想政治工作，深入开展中国特色社会主义宣传教育，把全国各族人民团结和凝聚在中国特色社会主义伟大旗帜之下，培养有理想、有道德、有文化、有纪律的社会主义新人，提高全民族的素质；四是加强党的思想建设，使共产党员在全社会、全民族的思想道德建设中起到榜样的作用；五是加强意识形态的引导和管理，巩固发展健康向上的主流舆论，培育和践行社会主义核心价值观，积极稳妥推进文化改革发展，推动文化走出去，提高文化软实力。

党的组织领导，主要是指以党的领导班子为核心的各级各类领导班子建设，和党依照法定程序对国家政权、经济文化组织和各类群众组织的领导。党的组织领导的主要实现方式，一是加强党的干部队伍建设，按照德才兼备的标准，建立一支革命化、年轻化、知识化、专业化的干部队伍；二是提出正确的干部路线，确定选拔任用干部的标准，建立一整套符合中国特色社会主义事业需要的党政干部人事制度和充满活力的用人机制；三是以法定的形式，向国家政权机关推荐重要干部；四是加强各级领导班子内部建设；五是坚持党对群众团体的领导，同时保证各类群众组织更好地表达和维护各自所代表的群众利益。

概括说来，政治领导就是党对国家的政治原则、政治方向、重大决策的领导和向国家政府机关推荐重要干部。政治领导的核心是路线、方针、政策的领导；思想领导就是用马克思主义理论武装干部和党员，武装群众，提高他们的觉悟，引导人民群众按照无产阶级的世界观去认识世界和改造世界；组织领导就是建立健全党的组织，培养、选拔、使用和监督党员干部，并通过党的组织和党员干部，保证党的路线、方针、政策的实施。党的政治领导、思想领导、组织领导是科学的统一整体。政治领导是根本、核心；思想领导是实现党的政治领导的前提；组织领导是实现党的政治领导的保证。这三个方面互相联系，互相依存，不可分割，离开任何一个方面都不能完整地体现党的领导；削弱哪一方面，都会削弱党的整体领导。因此，加强党的领导，就是要把三者有机地结合起来。只有把三者统一起来，才能充分发挥党在社会主义事业中的领导核心作用。

2.1.2　改善党的领导的必要性和重要性

在建设和发展中国特色社会主义事业中，要坚持并加强中国共产党的领导，这是毫无疑义的。要坚持党的领导，必须不断改善党的领导。坚持党的领导和改善党的领导是辩证统一的。如果说坚持党的领导回答的是社会主义事业要不要党的领导即党在社会主义事业中的地位和作用的问题，那么，改善党的领导回答的则是进一步改革和完善党的领导方式和执政方式，更好地实现党对社会主义建设事业的领导问题。不坚持党的领导，就谈不上改善党的领导；改善党的领导是为了更好地坚持和加强党的领导。在新的历史条件下，只有改善党的领导，才能坚持和加强党的领导。

第一，改善党的领导是党中央为了适应时代的变化而主动提出的重要课题。

党在全国执政以后，如何领导国家建设，确实是一个全新的问题。面对这一新课题，毛泽东早在中华人民共和国成立前夕就曾经说过："我们熟习的东西有些快要闲起来了，我们不熟习的东西正在强迫我们去做。这就是困难。""我们必须克服困难，我们必须学会自己不懂的东西。"①这个精辟论断虽然是在中华人民共和国成立前夕提出来的，但对于我们理解新形势下改善党的领导的必要性仍然具有重要的指导意义。

党的十一届三中全会后，以邓小平为代表的中国共产党人面临着团结带领各族人民实行改革开放、开辟社会主义现代化建设新局面的历史重任。而此时的中国共产党在自身建设上还存在着明显的问题。一方面，"文化大革命"对党组织

---

① 《毛泽东选集》第 4 卷，人民出版社 1991 年版，第 1480~1481 页。

造成的各种不良影响还没有完全扭转过来；另一方面，在改革开放的新形势下，党的组织状况、纪律状况、领导方式、领导体制、工作制度等方面，都存在不同程度的不相适应的状态。因此，在1980年1月16日，邓小平首次提出“为了坚持党的领导，必须努力改善党的领导”①的命题，强调“怎样改善党的领导，这个重大问题摆在我们的面前。不好好研究这个问题，不解决这个问题，坚持不了党的领导，提高不了党的威信”②。从此，如何坚持、加强和改善党的领导，成为党的建设的一个重要任务，同时开启了党的建设新的伟大工程。

改革开放以来，面对世情、国情、党情的发展变化，党坚持毫不放松地加强和改善党的领导，围绕着不断提高领导水平和执政水平，不断增强拒腐防变的能力，不断研究新情况、解决新问题、创建新机制、增长新本领，以改革创新的精神全面推进党的建设，使党的执政方略更加完善、执政体制更加健全、执政方式更加科学、执政基础更加巩固，保证了党以新的面貌和更强大的战斗力，带领人民完成新的历史任务。显然，只要时代还在发展变化，就始终存在改革和完善党的领导的任务。改善党的领导，正是中国共产党为了适应时代的变化、完成肩负历史使命而主动提出的一个重大课题。

第二，改善党的领导是适应中国特色社会主义伟大斗争的需要。

当今世界正处在历史性的大变动之中，形势复杂，竞争激烈。只有改善党的领导，党才能够更好地应对日趋激烈的国际竞争带来的严峻挑战，团结和带领人民实现社会主义现代化的宏伟目标，使中华民族以崭新的姿态屹立于世界民族之林。当代中国也正处在历史性的伟大变革之中，新形势、新任务对我们党提出了新的要求。

中国共产党在实现其所制定的战略目标的过程中，将长期面临三个重大课题：一是要科学判断和全面把握国际形势

① 《邓小平文选》第2卷，人民出版社1994年版，第268页。
② 《邓小平文选》第2卷，人民出版社1994年版，第271页。

的发展变化，正确应对世界多极化和经济全球化以及科技进步的发展趋势，妥善处理影响世界和平与发展的各种复杂的和不确定的因素，抓住和用好重要战略机遇期，在日益激烈的综合国力竞争中牢牢掌握和加快我国发展的主动权；二是要科学判断和全面把握中国将长期处于社会主义初级阶段的基本国情，正确认识和妥善处理人民日益增长的物质文化需求同落后的社会生产这个社会主要矛盾，紧紧抓住经济建设这个中心不动摇，正确处理改革、发展、稳定的关系，推动物质文明建设、政治文明建设、精神文明建设、和谐社会建设和生态文明建设协调发展，不断增强综合国力，逐步实现全体人民的共同富裕；三是要科学判断和全面把握党所处的历史方位和肩负的历史使命，正确认识和妥善处理党在改革开放和发展社会主义市场经济条件下长期执政所遇到的新情况、新问题，以改革创新的精神全面推进党的建设，不断提高党的领导水平和执政水平，增强拒腐防变和抵御风险的能力，始终成为团结带领人民建设中国特色社会主义的领导核心。能否解决好这三个重大课题，关系到党和国家的前途命运，关系到中国特色社会主义的成败，是对党的领导水平和执政水平的重大考验。

党长期以来形成的关于党的领导的基本原则，关于实现党的领导的一些基本原则和方法，包括改革开放以来形成的一些做法，一套好的领导制度、方法和优良工作作风，都是需要进一步坚持、继承和继续发扬的，但是与时代要求不相符的做法、传统，则需要随着时代的要求，随着形势、任务、环境、条件的变化而改进、补充和更新。如果党的领导方式、工作方法和具体制度不加改进和完善，墨守成规，不思进取，势必脱离实际、脱离群众，党的领导和战斗力必然受到削弱，党就难以适应新的要求，坚持党的领导也就会成为一句空洞的口号。如果那样，不仅“两个一百年”的目标难以实现，导致“功亏一篑”的巨大危机，甚至多少年来奋斗的成果也可能丧失。

习近平总书记反复强调，我们正在进行具有许多新的历史特点的伟大斗争，面临的挑战和困难前所未有。这就要求我们在新的历史起点上，面对前进道路上的各种艰难险阻，用斗争的精神、斗争的方略，凝聚全国各族人民的智慧和力量，在坚持和发展中国特色社会主义的历史进程中爬坡过坎、闯关夺隘，攻坚克难，为建设富强民主文明和谐的社会主义现代化国家，实现中华民族伟大复兴而顽强奋斗、艰苦奋斗、不懈奋斗。开展新的伟大斗争，具有深远的历史意义和重大的现实意义。面对新的伟大斗争，紧紧围绕提高科学执政、民主执政、依法执政水平深化党的建设制度改革，加强民主集中制建设，完善党的领导体制和执政方式，保持党的先进性和纯洁性，为改革开放和社会主义现代化建设提供坚强的政治保证。

第三，改善党的领导是加强党的自身建设、保持党的先进性和纯洁性的需要。

中国共产党成立以来的全部历史证明，中国共产党不愧是一个伟大、光荣、正确的党，党在革命、建设和改革的长期实践中不断经受锻炼和考验，已经是一个非常成熟、非常坚强的马克思主义执政党，党的执政能力同党肩负的重任和使命总体上是适应的。但是，面对新形势新任务，党的自身实际状况同党肩负的历史使命还有许多不适应、不符合的地方。党的领导方式和执政方式、领导体制和工作机制还不完善；一些领导干部和领导班子思想理论水平不高、依法执政能力不强、解决复杂矛盾本领不大，素质和能力同实现“两个一百年”的要求还不适应；一些党员干部事业心和责任感不强、思想作风不端正、工作作风不扎实、脱离群众等问题比较突出；一些党的基层组织软弱涣散，一些党员不能发挥先锋模范作用；腐败现象在一些地方、部门和单位还比较严重。这些问题影响党的执政成效，损害党在人民群众中的形象，严重背离党的先进性和纯洁性的要求，因此必须引起全党高度重视，切实加以解决。而解决这些问题，同样也需要进行党的建设制度改革，同样属于改善党的领导范畴。

总之，当社会历史条件发生变化的时候，当世情、国情、党情发生变化时，当党的一些领导方式、工作方法和具体制度与变化了的时代、形势不相适应时，需要及时改善党的领导。

2.2　总揽全局、协调各方

科学的领导制度是党有效治国理政的根本保证。党章规定："党必须按照总揽全局、协调各方的原则，在同级各种组织中发挥领导核心作用。"

总揽全局、协调各方，这是党的领导和党的工作的一条重要原则，也是坚持民主集中制的一项重要原则，是总结历史经验得出的科学结论。不断提高总揽全局的能力，统筹协调好各方面的工作，是党的执政能力建设的重要方面。

所谓总揽全局，就是各级党委要把主要精力放在抓方向、议大事、管全局上，集中精力抓好带有全局性、战略性、根本性和前瞻性的重大问题，把握政治方向，决定重大事项，安排重要人事任免，抓好思想政治工作，维护社会政治稳定，有效地实施党在各个领域的政治、思想、组织的领导。具体而言，一方面，党必须集中精力领导经济建设，组织、协调各方面的力量，同心协力，围绕经济建设开展工作，促进经济社会全面发展。另一方面，党必须实行民主、科学的决策，制定和执行正确的路线、方针、政策，做好党的组织工作和宣传教育工作，发挥全体党员的先锋模范作用。党必须在宪法和法律的范围内活动。

所谓协调各方，就是各级党委要从推进全局整体工作的要求出发，协调好党委与同级各种组织的关系及各种组织之间的关系，充分调动和发挥各方面的积极性，具体而言，就是统筹协调好党委、人大、政府、政协的关系，统筹安排好纪检、组织、宣传、统战、政法、武装以及群众团体等方面的工作，使各方面都能各司其职，各尽其责，相互配合，形成合力。具体而言，支持人大依法履行国家权力机关的职能，经过法定程序，使党的主张成为国家意志，使党组织推荐的人选成为国家政权机关的领导人员，并对他们进行监督；支持政府履行法定职能，依法行政；支持政协围绕团结和民主两大主题履行职能。加强对工会、共青团和妇联等人民团体的领导，支持它们依照法律和各自章程开展工作，更好地成为党联系广大人民群众的桥梁和纽带。

总揽全局、协调各方，要求各级党委把坚持党的领导、人民当家作主和依法治国有机统一起来，善于协调关系，凝聚力量，调动各方面的积极性，支持同级各种组织依照法律和各自章程开展工作，充分发挥作用。通过协调和理顺党委与人大、政府、政协以及人民团体和其他方方面面之间的关系，使之各司其职，各负其责，相互配合，形成合力。党委总揽不包办，协调不替代，各方的事由各方去办，各方之间的事由党委协调。

总揽全局、协调各方的实施，有利于加强和完善党的领导体制，改进党的领导方式和执政方式，既保证了党委的领导核心作用，又充分发挥好人大、政府、政协以及人民团体和其他方面的职能作用。

2.3　科学执政、民主执政、依法执政

> 党要适应改革开放和社会主义现代化建设的要求，坚持科学执政、民主执政、依法执政，加强和改善党的领导。
>
> ——《中国共产党章程》(中国共产党第十八次全国代表大会部分修改，2012 年 11 月 14 日通过)。

坚持科学执政、民主执政、依法执政，是加强和改善党的领导的重要内容。

科学执政是马克思主义政党执政成功的前提条件。科学执政，就是坚持以马克思主义的科学理论为指导，不断探索和遵循共产党执政规律、社会主义建设规律、人类社会发展规律，以科学的思想、科学的制度、科学的方式组织和带领人民共同建设中国特色社会主义。坚持科学执政，就是要科学制定和实施党的理论和路线方针政策，科学设计、组织、开展各项执政活动。在当代中国，坚持科学执政尤其要体现在切实抓好发展这个党执政兴国的第一要务上，坚持以科学发展观统领经济社会发展全局，把实现人民群众的美好愿望作为我们的不懈追求，不断实现好、维护好、发展好最广大

人民的根本利益。要大力推进决策科学化、民主化，努力使我们作出的决策特别是关系国计民生的重大决策符合客观规律和科学规律，符合人民群众的愿望。

民主执政是马克思主义政党执政的本质要求。民主执政，就是坚持为人民执政、靠人民执政，发展中国特色社会主义民主政治，推进社会主义民主政治的制度化、规范化、程序化，以民主的制度、民主的形式、民主的手段支持和保证人民当家作主。坚持民主执政，就是要牢牢坚持立党为公、执政为民，真正把最广大人民的根本利益作为一切工作的出发点和落脚点，切实做到权为民所用、情为民所系、利为民所谋。要进一步健全民主制度，保证人民依法实行民主选举、民主决策、民主管理、民主监督，充分发挥人民群众和社会各方面的积极性、主动性、创造性，共同做好改革发展稳定的各项工作。要不断完善和扩大党内民主，加强对权力的监督，保证把人民赋予的权力真正用来为人民谋利益。

依法执政是新的历史条件下马克思主义执政党执政的基本方式。依法执政，就是坚持依法治国、建设社会主义法治国家，领导立法，带头守法，保证执法，不断推进国家经济、政治、文化、社会生活的法制化、规范化，以法治的理念、法治的体制、法治的程序保证党领导人民有效治理国家。要加强党对立法工作的领导，推进科学立法、民主立法，从制度上、法律上保证党的路线方针政策的贯彻实施。各级党组织都要在宪法和法律范围内活动，全体党员都要模范遵守宪法和法律。要督促和支持国家机关依法行使职权，依法推动各项工作的开展，切实维护公民的合法权益。要团结带领全国各族人民建设法治中国，坚持依法治国、依法执政、依法行政共同推进，坚持法治国家、法治政府、法治社会一体建设。

坚持科学执政、民主执政、依法执政，核心是要为人

民执好政、掌好权。要把坚持党的领导、人民当家作主和依法治国有机统一起来，不断改革和完善党的领导方式和执政方式，不断提高党的执政能力和领导水平，在为人民治国理政的实践中体现党的先进性，保持和发展党的先进性。

坚持科学执政、民主执政、依法执政，是新的历史条件下加强党的执政能力建设、先进性和纯洁性建设的重要内容。强调科学执政、民主执政、依法执政，反映了我们党对共产党执政规律认识的深化和对党长期执政正反两方面经验的科学总结，反映了我们党对自己所处的历史方位和所承担的历史使命的清醒认识，反映了我们党把推进党的建设新的伟大工程同推进中国特色社会主义伟大事业紧密结合的高度自觉。只有坚持科学执政、民主执政、依法执政，党才能更加有效地完成人民和时代赋予自己的庄严使命。

在新的历史条件下，党中央号召全党，必须适应国家现代化总进程，提高党科学执政、民主执政、依法执政水平，提高国家机构履职能力，提高人民群众依法管理国家事务、经济社会文化事务、自身事务的能力，实现党、国家、社会各项事务治理制度化、规范化、程序化，不断提高运用中国特色社会主义制度有效治理国家的能力。① 为此，我们要按照党中央的部署，“紧紧围绕提高科学执政、民主执政、依法执政水平深化党的建设制度改革，加强民主集中制建设，完善党的领导体制和执政方式，保持党的先进性和纯洁性，为改革开放和社会主义现代化建设提供坚强政治保证”②。各级党委都要切实把坚持科学执政、民主执政、依法执政落实到加强党的执政能力建设、先进性和纯洁性建设的实践中去，落实到改革开放和现代化建设的各项工作中去，不断推进党执政的科学化、民主化、法治化，更好地团结带领全国各族人民夺取建设中国特色社会主义事业新的更大胜利。

---

① 参见习近平:《在省部级主要领导干部学习贯彻十八届三中全会精神全面深化改革专题研讨班开班式上的讲话》，2014 年 2 月 17 日。

② 《中共中央关于全面深化改革若干重大问题的决定》(2013 年 11 月 12 日中国共产党第十八届中央委员会第三次全体会议通过)。

第3章 执政党建设历程和经验

3.1 执政党建设的历程

中国共产党自1921年成立后，经过28年艰苦卓绝的斗争，终于迎来了新中国的诞生。

中华人民共和国成立后，中国共产党由领导人民为夺取全国政权而奋斗的党，成为领导人民掌握全国政权并长期执政的党。建设一个什么样的党，怎样建设这个党，成为在全国执政条件下中国共产党建设面临的一个新问题。对于这个问题，以毛泽东为代表的党的第一代中央领导集体曾进行过艰难的探索。其中既有始终一贯的把党建设成“领导我们事业的核心力量”的正确主张，也一度出现过把党建设成“对于阶级敌人进行战斗的朝气蓬勃的先锋队组织”的迷误。在探索中既取得过突出的成绩，也一度走入迷途；既有成功经验，又有深刻教训。改革开放后，中国共产党在总结党执政以来自身建设正反两方面经验，同时借鉴国外政党执政的经验教训的基础上，开创了党的建设新的伟大工程。

3.1.1 党的建设新的伟大工程的开创

党的建设新的伟大工程的开创，是与邓小平联系在一起的。

早在改革开放初期，邓小平就把“建设一个什么样的党”、“怎样建设党”的问题摆在了全党面前。1980年，他提出“执政党应该是一个什么样的党，执政党的党员应该怎样才合格，党怎样才叫善于领导”①的问题。针对这一问题，1982年党的十二大明确提出努力把党建设成为领导社会主义现代化事业的坚强核心。1983年，邓小平提出要把我们党建设成为有战斗力的马克思主义政党，成为领导全国人民进行

---

① 《邓小平文选》第2卷，人民出版社1994年版，第276页。

社会主义物质文明和精神文明建设的坚强核心。

围绕把党建设成为领导社会主义现代化事业的坚强核心的党建目标，以邓小平为核心的党的第二代中央领导集体紧密联系党的基本路线和中心任务加强和改进党的建设，在开辟中国特色社会主义新道路的历史进程中开创了党的建设新的伟大工程。

在党的指导思想上，把马克思列宁主义、毛泽东思想创造性地运用于当代中国，创立了邓小平理论，回答了“建设什么样的社会主义，怎样建设社会主义”，“建设什么样的党，怎样建设党”的问题，奠定了中国特色社会主义理论体系的基础。

在党的政治建设方面，制定了党在社会主义初级阶段的基本路线，强调“警惕右，但主要是防止‘左’”，提高坚持党的基本路线的坚定性。

在党的思想建设方面，恢复和发展了实事求是思想路线，强调坚持四项基本原则，反对资产阶级自由化，开展为期三年的思想整顿，加强全党的思想教育。

在党的组织建设方面，恢复和逐步健全了民主集中制，废除了实际上存在的领导干部职务终身制，推进干部队伍建设革命化、年轻化、知识化、专业化，推动新老干部的交替和合作；恢复和新建各级党校，筹建国家行政学院。

在党的作风建设方面，提出执政党的党风问题是关系党和国家生死存亡的问题，恢复和发扬党的优良传统，成立各级党的纪律检查委员会，坚持从严治党原则，坚决惩治腐败。

在党的制度建设方面，提出制度带有根本性、全局性、稳定性和长期性，探索党和国家领导制度的改革，在党政分开、下放权力、精简机构、加强民主法治建设方面采取了若干改革措施，逐步形成了以民主集中制为核心，以领导制度、组织制度、工作制度、监督制度为内容的制度体系。

党的建设新的伟大工程的开创，带来了改革开放新时期党的建设的新进步，从根本上保证了改革开放的起步和不断推进，保证了社会主义现代化建设新局面的开展和不断发展。

3.1.2 党的建设新的伟大工程的推进

党的十三届四中全会后，以江泽民为核心的党的第三代中央领导集体在世纪风云变幻中继续探索党的建设目标。江泽民在 1989 年 12 月提出：“我们党是执政的党，党的领导要通过执政来体现。我们必须强化执政意识，提高执政本领。”①1994 年，党的十四届四中全会明确提出：把党建设成为用中国特色社会主义理论武装起来、全心全意为人民服务、思想上政治上组织上完全巩固、能够经受住各种风险、始终走在时代前列的马克思主义政党。党的十五大指出：“共产党执政就是领导和支持人民掌握管理国家的权力，实行民主选举、民主决策、民主管理和民主监督，保证人民依法享有广泛的权利和自由，尊重和保障人权”，强调把党建设成为“用邓小平理论武装起来、全心全意为人民服务、思想上政治上组织上完全巩固、能够经受住各种风险考验、始终走在时代前列、领导全国人民建设有中国特色社会主义的马克思主义政党”。党的十六大在科学判断党的历史方位和主要任务的基础上，进一步提出包括“两个先锋队”、“一个领导核心”和“三个代表”在内的党建目标。

> 通过锲而不舍的努力，保证我们党始终是中国工人阶级的先锋队，同时是中国人民和中华民族的先锋队，始终是中国特色社会主义事业的领导核心，始终代表中国先进生产力的发展要求，代表中国先进文化的前进方向，代表中国最广大人民的根本利益。
>
> ——《江泽民文选》第 3 卷，人民出版社 2006 年版，第 569 页。

围绕这一具有时代特征的党建目标，以江泽民为核心的

① 《江泽民文选》第 1 卷，人民出版社 2006 年版，第 92 页。

第三代中央领导集体在全面开创中国特色社会主义事业新局面的历史进程中，大力推进党的建设新的伟大工程。

在党的指导思想上，高举邓小平理论伟大旗帜，进一步回答了“建设什么样的社会主义，怎样建设社会主义”，创造性地回答了“建设什么样的党，怎样建设党”的问题，创立了“三个代表”重要思想，发展了中国特色社会主义理论体系。

在党的历史方位和主要任务判断上，提出党已经从领导人民为夺取全国政权而奋斗的党，成为领导人民掌握全国政权并长期执政的党，已经从受到外部封锁和实行计划经济条件下领导国家建设的党，成为对外开放和发展社会主义市场经济条件下领导国家建设的党；强调发展是党执政兴国的第一要务，提高党的领导水平和执政水平、提高拒腐防变和抵御风险能力是党面临的两大历史性课题。

在党的思想建设上，提出用邓小平建设中国特色社会主义理论武装全党，掀起了全党范围内学习与研究邓小平理论和“三个代表”重要思想的高潮。

在党的组织建设方面，强调充分发扬党内民主，建立健全科学的领导体制和工作机制；建设高素质的干部队伍，形成朝气蓬勃、奋发有为的领导层；把符合党员条件的新社会阶层中的先进分子吸收到党内来，不断增强党的阶级基础，扩大党的群众基础。

在党的制度建设方面，改革和完善党对国家和社会政治生活的领导制度，改革和健全党的代表大会制度，改革和完善党的干部选拔任用制度、培训制度、干部队伍管理制度、干部人事制度，健全和完善党员管理与教育制度，改革与完善党的基层组织制度，充实和完善党的工作制度，健全和发展党的生活制度，恢复和健全党的监督制度。

在党的作风建设方面，提出党的作风关系党的形象、人心向背和党的生命，采取多种措施密切党与人民群众的血肉联系，开展以“讲学习、讲政治、讲正气”为核心内容的党风党性教育，贯彻落实“八个坚持、八个反对”，把党风建设提高到新的水平，推动党风廉政建设和反腐败斗争不断深入发展。

相关链接

“八个坚持、八个反对”

坚持解放思想、实事求是，反对因循守旧、不思进取；

坚持理论联系实际，反对照抄照搬、本本主义；

坚持密切联系群众，反对形式主义、官僚主义；

坚持民主集中制原则，反对独断专行、软弱涣散；

坚持党的纪律，反对自由主义；

坚持清正廉洁，反对以权谋私；

坚持艰苦奋斗，反对享乐主义；

坚持任人唯贤，反对用人上的不正之风。

3.1.3 党的建设新的伟大工程的继续推进

党的十六大以后，以胡锦涛为总书记的党中央在全面建设小康社会的伟大实践中继续探索党的建设目标。党的十六届四中全会通过的《中共中央关于加强党的执政能力建设的决定》明确指出：加强党的执政能力建设的总体目标是使党成为“马克思主义执政党”。党的十七大指出：“使党始终成为立党为公、执政为民、求真务实、改革创新、艰苦奋斗、清正廉洁，富有活力、团结和谐的马克思主义执政党。”这就鲜明地把建设“马克思主义执政党”纳入党建目标的范畴，使党的建设有了更为丰富的内容和更为鲜明的时代主题。它回答了执政党“为谁执政、怎样执政、以什么样的形象和精神风貌执政”的问题，明确了党的建设的目标和方向。围绕建设马克思主义执政党的党建目标，以胡锦涛为总书记的党中央在全面建设小康社会实践中坚定不移地把党的建设新的伟大工程继续推向前进。

在党的指导思想上，坚持以马克思列宁主义、毛泽东思想、邓小平理论、“三个代表”重要思想为指导，勇于推进实践基础上的理论创新，围绕坚持和发展中国特色社会主义提出一系列紧密相连、相互贯通的新思想、新观点、新论断，形成和贯彻了科学发展观。

在党的建设任务上，提出了提高党的建设科学化水平的重大命题和重大任务，明确概括了提高党的建设科学化水平的实现途径，即以科学理论指导党的建设、以科学方法推进党的建设、以科学制度保障党的建设，归根结底是要全面认识和自觉运用马克思主义执政党建设规律，从而使加强和改进党的建设的前进方向更加明确。

在党的建设任务、主线和布局上，明确以党的执政能力建设、先进性和纯洁性建设为主线，全面加强党的思想建设、组织建设、作风建设、反腐倡廉建设和制度建设，提高党的建设科学化水平；提出科学执政、民主执政、依法执政；先后开展了保持共产党员先进性教育活动和创先争优活动，提高了基层党组织的战斗力和凝聚力，发挥了党员的先锋模范作用。

在党的思想理论建设方面，提出用中国特色社会主义理论体系武装全党，先后部署在全党兴起学习贯彻“三个代表”重要思想和深入学习实践科学发展观活动，推进马克思主义中国化、时代化、大众化，开展社会主义核心价值体系学习教育活动，提出建设马克思主义学习型政党的战略任务。

在党的组织建设方面，注重抓好党的干部队伍和人才队伍建设，颁布相应法规性文件，积极推进党政领导班子建设和干部人事制度改革；建立中国浦东、井冈山、延安干部学院和大连高级经理学院；健全和完善地方各级全委会、常委会工作制度，积极稳妥地推进党内选举制度改革，颁布《党员权利保障条例》，确立党员在党内民主中的主体地位；从中央到地方陆续建立巡视制度；下发加强农村、街道社区、中央企业、高校和非公有制企业党建工作意见，合理设置基层党组织，扩大党的组织工作覆盖面，推进基层党组织工作创新，增强党员队伍的生机活力，构建城乡统筹的基层党建新格局。

在党的作风建设方面，大力倡导社会主义荣辱观，提出为民、务实、清廉的新要求，着重强调大兴密切联系群众之风，大兴求真务实之风，大兴艰苦奋斗之风，大兴批评和自我批评之风，特别强调加强和改进新形势下群众工作、狠抓落实等，赋予作风建设理论以新的内容和内涵。坚持权为民所用、情为民所系、利为民所谋，更加关注民生，切实解决人民最关心、最直接、最现实的利益问题，尽力为群众办实事、解难事、做好事，提高了党的公信力，密切了党群关系。

相关链接

“八荣八耻”

以热爱祖国为荣、以危害祖国为耻，
以服务人民为荣、以背离人民为耻，
以崇尚科学为荣、以愚昧无知为耻，
以辛勤劳动为荣、以好逸恶劳为耻，
以团结互助为荣、以损人利己为耻，
以诚实守信为荣、以见利忘义为耻，
以遵纪守法为荣、以违法乱纪为耻，
以艰苦奋斗为荣、以骄奢淫逸为耻。

在反腐倡廉建设上，明确提出了反腐倡廉建设这个新范畴，确立了标本廉治、综合治理、惩防并举、注重预防的方针，并提出了建立健全惩治预防腐败体系的新概念和新举措。十七届四中全会通过的《中共中央关于加强和改进新形势下党的建设若干重大问题的决定》，鲜明提出建立健全防止利益冲突制度的新概念和新任务，使反腐倡廉建设有了更加清晰、明了的总思路。加强廉洁从政教育和领导干部廉洁自律，加大查办违纪违法案件工作力度，健全权力运行制约和监督机制，推进反腐倡廉制度创新。

党的十八大在以往探索成果的基础上，用简洁的语言概括了党的建设目标，明确提出要“建设学习型、服务型、创新型的马克思主义执政党，确保党始终成为中国特色社会主义事业的坚强领导核心”。这里，既明确了党执政以后自身建设目标的科学定位——“马克思主义执政党”，也明确了作为马克思主义执政党应有的特征——“学习型、服务型、创新型”，特别是明确了“三型”执政党建设目标的指向是“确保党始终成为中国特色社会主义事业的坚强领导核心”，从而将党对自身建设目标的认识提高到一个新的水平，为全面提高党的建设科学化水平指明了方向。

3.1.4　党的建设新的伟大工程的全面推进

党的十八大以来，以习近平同志为总书记的党中央高度重视党的建设，围绕建设学习型、服务型、创新型的马克思主义执政党，确保党始终成为中国特色社会主义事业的领导核心的党建目标，在全面建成小康社会和全面深化改革的进程中，以改革创新的精神全面推进党的建设。

在党的建设方针方面，强调"打铁还需自身硬"，党要管党，才能管好党；从严治党，才能治好党。对我们这样一个拥有8000多万党员、在一个13亿人口大国长期执政的党，管党治党一刻不能松懈。必须把从严治党贯彻和体现到从严管理干部、从严管理党员队伍、扎实做好抓基层打基础工作、严肃党内生活等各个方面。

> 党要管党，才能管好党；从严治党，才能治好党。对我们这样一个拥有8500多万党员、在一个13亿人口大国长期执政的党，管党治党一刻不能松懈。如果管党不力、治党不严，人民群众反映强烈的党内突出问题得不到解决，那么我们迟早会失去执政资格，不可避免会被历史淘汰。必须把从严治党贯彻和体现到从严管理干部、从严管理党员队伍、扎实做好抓基层打基础工作、严肃党内生活等各个方面。
>
> ——习近平在全国组织工作会议上的讲话，2013年6月28日。

党的十八大以后，以习近平为总书记的党中央在全面深化改革中下大力气管党治党、创新党建，开辟了党的建设新局面。

在党的思想建设方面，强调"革命理想高于天"。坚定的理想信念，是共产党人的政治灵魂，也是共产党人经受住任何考验的精神支柱。理想信念是共产党人精神上的“钙”，理想信念坚定，骨头就硬，没有理想信念，或理想信念不坚定，精神上就会“缺钙”，就会得“软骨病”。理想信念坚定，必须坚定共产主义远大理想，真诚信仰马克思主义，矢志不渝为中国特色社会主义而奋斗，坚持党的基本理论、基本路线、基本纲领、基本经验、基本要求不动摇。

在组织建设方面，强调着力培养选拔党和人民需要的好干部，并指明了培养人、选拔人的主要途径和方向。强调好干部要做到信念坚定、为民服务、勤政务实、敢于担当、清正廉洁。成长为一个好干部，一靠自身努力，加强党性修养、加强品格陶冶，勤于学、敏于思，经风雨、见世面；二靠组织培养，为干部锻炼成长搭建平台。要坚持党管干部原则，坚持正确用人导向，坚持德才兼备、以德为先，努力做到选贤任能、用当其时，知人善任、人尽其才。

在作风建设方面，强调我们党奋斗所争取的一切，归结到一点，都是为了让人民过得更好，人民对美好生活的向往，就是我们的奋斗目标；群众路线是我们党的生命线和根本工作路线，要把群众工作做实做深做细做透，深入实际、深入基层，与群众零距离接触，及时准确了解群众所思、所盼、所忧、所急。强调要以踏石留印、抓铁有痕的劲头抓作风建设，善始善终，善作善成，防止虎头蛇尾；开展党的群众路线教育实践活动，要贯彻“照镜子、正衣冠、洗洗澡、治治病”的总要求，集中解决形式主义、官僚主义、享乐主义和奢靡之风问题。

在反腐倡廉建设方面，提出“把权力关进制度的笼子里”，强调要发挥制度在反腐倡廉中的重要作用。要加强反腐倡廉党内法规制度建设，让法律制度刚性运行；加强对权力运行的制约和监督，形成不敢腐的惩戒机制、不能腐的防范机制、不易腐的保障机制；反腐既没有“特区”，也没有“禁区”，坚持“老虎”、“苍蝇”一起打，任何人都没有凌驾于法律之上的特权。

从改革开放以来党的建设的历程可以看出，随着改革开放的深入，随着社会主义市场经济体制的建立和社会主义民主政治的发展，党的建设目标越来越清晰，党的建设道路越来越宽广。围绕各个阶段党的建设目标和新的伟大工程的不断推进，党的建设不断取得新成果。这表明中国共产党在执政的条件下，特别是在国际国内形势发生深刻变化的条件下，在不懈探索和把握中国特色社会主义规律的实践中，对“建设一个什么样的党、怎样建设党”有了清醒的认识，深化了对共产党执政规律、社会主义建设规律、人类社会发展规律的认识和把握，这既是党科学总结自身的历史经验特别是执掌全国政权以后和改革开放以来加强与改进党的建设经验的重要成果，又与党总结国际共产主义运动特别是苏联东欧社会主义国家共产党兴衰成败的经验教训密不可分。正是在历史比较、国际鉴戒、理论思考和现实把握中，党的建设不断推进，取得了显著成绩和多方面进步。

党的建设新的伟大工程的实施和推进，保证了中国特色社会主义的开创、坚持和发展，引领着当代中国的发展进步。

3.2　执政党建设的经验总结

中华人民共和国成立后特别是改革开放以来，党的几代领导人围绕建设什么样的党、怎样建设党这个重大课题，不断总结和运用自身建设正反两方面经验，借鉴世界上一些执政党兴衰成败的经验教训，相继提出了一系列关于执政条件下加强和改进党的自身建设的创新理论观点，形成和发展了中国共产党的执政党建设理论。这一理论比较系统地回答了在长期执政的条件上如何加强和改进党的建设的问题。

中国共产党的执政党理论内容丰富，涉及党的建设各个方面。其基本思想主要有以下六个方面：

——关于推进伟大事业与伟大工程。坚持把推进党领导的伟大事业同推进党的建设伟大工程紧密结合起来，保证党始终成为社会主义事业的坚强领导核心。紧紧围绕和服务党领导的伟大事业，按照党的政治路线来进行，围绕党的中心任务来展开，朝着党的建设总目标来加强，为抓好发展这个党执政兴国的第一要务、建设富强民主文明和谐的社会主义现代化国家、坚持和发展中国特色社会主义提供根本保证。

——关于把思想理论建设放在首位。坚持党的实事求是的思想路线，坚持真理、修正错误，不断推进马克思主义中国化、时代化、大众化，推进用马克思主义中国化最新成果武装全党、教育人民，建设马克思主义学习型政党，提高全党的马克思主义水平，提高运用科学理论改造主观世界和客观世界的能力，使党的理论和实践始终体现时代性、把握规律性、富于创造性。

——关于加强党的执政能力建设和先进性、纯洁性建设。以执政能力建设和先进性、纯洁性建设为主线，坚持科学执政、民主执政、依法执政，着力提高党总揽全局、协调各方的能力和水平，建设高素质干部队伍，凝聚各方面人才和力量，充分发挥党委领导核心作用、基层党组织战斗堡垒作用、共产党员先锋模范作用。使党保持与时俱进的品质，始终走在时代前列，不断提高执政能力、巩固执政地位、完成执政使命，不断增强自我净化、自我完善、自我革新、自我提高的能力，保持、发展党的先进性和纯洁性，使党始终代表中国先进生产力发展要求、中国先进文化前进方向、中国最广大人民根本利益。

——关于立党为公、执政为民。坚持全心全意为人民服务的根本宗旨，坚持以人为本这个核心，贯彻马克思主义群众观点和党的群众路线，保持党同人民群众的血肉联系，实现好维护好发展好最广大人民的根本利益，做到权为民所用、情为民所系、利为民所谋，不断增强党的阶级基础、扩大党的群众基础，使党始终得到人民群众的支持和拥护。

——关于以改革创新精神加强党的建设。坚持继承和创新相结合，坚持用时代发展要求审视自己、以改革创新精神提高和完善自己，不断推进党的建设实践创新、理论创新、制度创新，建立健全以党章为根本、以民主集中制为核心的制度体系，不断提高党的建设科学化水平，推进党的建设科学化、制度化、规范化，发展党内民主，保障党的团结统一，增强党的创造活力。

——关于党要管党、从严治党。治国必先治党、治党务必从严，要严格按照党章办事，按党的制度和规定办事；实行党建工作责任制，形成党委统一领导、各有关部门齐抓共管、一级抓一级、层层抓落实的工作格局；必须大力弘扬改革创新精神，切实做到高举旗帜、求真务实、把握主线、全面推进。坚持严格要求、严格教育、严格管理、严格监督，开展批评和自我批评，严肃党的纪律；要在党内生活中讲党性，讲原则，弘扬正气，反对歪风；要严格执行党的纪律，坚持在纪律面前人人平等；从关系人心向背和党的生死存亡的战略高度加强党风廉政建设，坚决纠正损害群众利益的不正之风，不断解决党内存在的问题，提高管党治党水平，始终保持党的先进性和纯洁性。

以上这些基本思想，是对党的建设的基本经验的总结，坚持和发展了马克思主义关于无产阶级政党建设的思想，体现和深化了中国共产党对共产党执政规律、社会主义建设规律、人类社会发展规律的认识是加强和改进新形势下党的建设的重要指导思想，必须在实践中长期坚持和不断发展。

应对挑战篇

篇首语

人类的脚步迈进21世纪以来，国际形势发生了自“冷战”结束以后最为深刻复杂的变化。当今世界正处在大发展大变革大调整时期，呈现出许多新特点。经过30多年的改革开放和社会主义现代化建设，中国的发展正处在一个新的历史起点上。中国共产党所处的历史方位、所面临的主要任务、党的自身建设等均发生了深刻变化，党面临的考验、困难、风险、挑战均前所未有。如何认识世情、国情、党情的深刻变化？如何应对各种考验、困难、风险、挑战？如何进行具有新的历史特点的伟大斗争？这是中国共产党人必须回答和解决的新问题。

第4章　世情国情党情深刻变化带来的新挑战

4.1　当代世界的大发展大变革大调整

进入新世纪以来，国际形势发生了自“冷战”结束以来最为深刻复杂的变化。当今世界正处在大发展大变革大调整时期，呈现出许多新特点。

——经济全球化深入发展。随着中国、印度等新兴市场经济体逐渐融入全球经济体系，经济全球化的规模正在空前扩大；多边贸易谈判取得进展，越来越多的国家采取支持经济全球化的政策；全球范围配置生产要素以空前的速度和规模持续发展，各经济体相互依赖、相互联系的程度日益加深。同时，世界经济格局发生新变化，国际金融危机影响深远，系统性和结构性风险仍然比较突出。美国受到国际金融危机冲击，国债和财政赤字屡创新高，引发世界经济结构的调整。欧盟经济虽然暂告衰退，但仍存在隐忧，主权债务危机日趋严重，面临失业居高不下、通货紧缩等多重挑战。新兴大国虽然保持较快增长势头，但未来发展过程中面临的挑战仍然十分严峻。

——世界多极化趋势进一步加强。超级大国的霸权主义图谋与世界范围主张多极化的力量继续激烈碰撞。国际力量对比发生新的此消彼长，多极化趋势有了新的发展。新兴大国继续保持崛起势头，联合自强的意识增强，“金砖国家”等合作机制进入新的发展阶段，日益成为全球需求和消费增长的重要引擎、解决全球性问题的利益攸关方。新兴大国崛起作为当今世界最重要的发展趋势之一，有利于推动国际力量对比朝着相对均衡的方向发展。但从总体上看，西方发达国家在经济科技上占优势，在国际体系中仍处主导地位，这一格局短期内还难以根本改变。

——科学技术酝酿新突破。科学技术的新突破不仅给世界生产力的发展带来了巨大推动，而且也对人类的生产方式和生活方式产生了深刻影响。当前，信息科学、生命科学、物质科学、地球与环境科学、数学与系统科学以及自然科学与社会科学的交叉领域中形成了新的科学前沿，一场新的科技革命和产业革命正在孕育之中。

——思想文化交流交融交锋呈现新特点。文化与经济、政治的联系日益紧密，越来越多的国家把提高国家文化软实力作为重要发展战略。世界范围内各种思想文化交流交融交锋更加频繁，国际思想文化领域的斗争依然深刻而复杂。

——人类共同安全问题日益突出。关系到人类生存和经济社会可持续发展的全球性问题日益增多，恐怖主义、大规模杀伤性武器扩散、金融危机、严重自然灾害、气候变化、能源资源安全、粮食安全等问题凸现，任何一国都无力单独解决这些问题，客观上要求各国加强合作、协调行动。

世界经济、政治、科技、文化、安全等方面的新变化，必将推动世界范围内生产方式以及人们生活方式进一步发生深刻变革，进而引发全球经济政治格局的深刻变化和利益格局的重大调整。随着国际力量对比出现新态势，西方发达国家越来越难以垄断国际事务，在解决全球性问题上越来越离不开新兴大国的参与，推动形成更加公正合理的国际经济政治秩序成为不可阻挡的时代潮流。

4.2 当代中国的历史方位

历史方位是指一个国家、一个民族在历史发展进程中所处的位置。认识当代中国的历史方位，对于深刻认识当代中国的基本国情和未来走向具有重要意义。

当代中国最鲜明的特点是改革开放。改革开放是当代中国的主旋律，是推动各项事业发展的根本动力。30 多年来，无论是社会主义市场经济体制的确立，还是中国特色法律体系的基本形成，无论是全方位对外开放的现代化格局的奠定，还是以改善民生为重点的社会建设的推进，都离不开改革开放。改革开放极大地解放和发展了社会生产力，使中国实现了发达国家上百年才完成的同样程度的工业化、城市化和社会转型。经济持续快速增长，进入中等收入国家行列。

全国农村没有解决温饱的贫困人口从 1978 年的 2.5 亿减少到 2010 年的 2688 万。正是改革开放所激发的强大活力，使中国大踏步赶上时代，走上现代化道路；使古老的中国充满青春的活力，发生了翻天覆地的历史性变化。今天，一个面向现代化、面向世界、面向未来的社会主义中国巍然屹立在世界东方。

嫦娥三号落月

当代中国正处于工业化、信息化、城镇化、市场化、国际化深入发展时期。改革开放以来，中国工业化快速推进，在整体上已经进入工业化中期阶段，成为名副其实的工业大国；信息化已跨入中等水平的国家行列，信息化与工业化融合已初见成效；城镇化已进入加速时期，城镇化率逐步接近中等收入国家的平均水平；市场化水平不断提高，社会主义市场经济体制已初步建立，市场在资源配置中的决定性作用的地位已经确立，市场体系初步形成；国际化发展日益深刻，国际地位和影响力不断提升，与世界融合更为紧密。在未来相当长的时期内，中国都将处于工业化、信息化、城镇化、市场化、国际化不断深入，并且相互影响、相互促进的历史进程中。

当代中国与世界的关系发生了历史性变化。中华人民共和国成立后特别是改革开放以来，中国从努力突破外部封锁到实行全方位、宽领域、多层次的对外开放，以崭新的面貌登上并屹立于世界舞台，成为促进世界和平、发展、合作的一支重要力量。中国的对外交流越来越紧密，中国在国际事务中的影响不断提升。中国特色的发展道路、发展经验、发展模式，也引起了越来越多的关注，越来越多的话题围绕中国展开，中国特色的社会主义展示了强大的生命力和广阔的发展前景。事实证明，当代中国与世界前所未有地紧密联系在一起，中国的发展离不开世界，世界的繁荣与稳定也离不开中国。

在看到中国迅速发展的同时，我们也要看到，中国人口多、底子薄、生产力不发达的状况并没有根本改变，中国仍然是一个发展中国家。这通过下面一组数字可以看出来：

从人口的数量和质量看，截至 2013 年末，中国大陆人口总数已达到 13.6 亿，每年还在以年均 700 万左右的速度增长。中国文盲和半文盲人口占 15 岁及以上人口比例的 10%以上。

从人均国内生产总值看，中国仍处在世界后列。2013 年，中国人均国内生产总值虽然达到 6700 多美元，但仍排在世界 84 位，即使与世界中等以上收入国家的水平相比仍有差距。

从人民生活水平看，中国人民生活仅在总体上达到小康。按国家确定的最新贫困标准计算，2013 年还有 8200 多万农村贫困人口。

从资源占有情况看，中国人均资源占有量少，面临很大的资源环境压力，人均水资源占有量仅为世界平均水平的 1/4，45 种主要矿产资源人均占有量不足世界人均水平的一半，土地、天然气、木材、电力、石油、煤炭等资源都相对紧缺。

从工业化和城市化程度看，中国仍低于世界平均水平，2013 年末，农业人口还占总人口的 46%，农业劳动力占全部就业人口的比重仍远远高于工业化国家，也高于一些发展中国家。

总体上看，我国生产力还不发达，自主创新能力不强，城乡区域发展不平衡，调结构、保增长、扩内需和维护社会稳定的任务相当艰巨，就业和社会保障压力增大，生态环境、自然资源和经济社会发展的矛盾日益突出，长期积累的结构性矛盾和粗放型经济增长方式没有根本改变，深化改革与影响发展的体制机制问题亟待解决。同时人民群众的物质文化需要不断提高并日益多样化，社会利益矛盾更加复杂。这些都说明，我国仍处于并将长期处于社会主义初级阶段的基本国情没有变，人民日益增长的物质文化需要同落后的社会生产之间的矛盾这一社会主要矛盾没有变，中国是世界上最大的发展中国家的国际地位没有变。这“三个没有变”，是中国共产党人对中国基本国情的清醒定位和科学认识，是准确观察问题、作出正确决策的出发点和落脚点。

4.3　新形势新挑战新要求

改革开放是中国共产党在新的历史条件下领导人民进行的新的伟大革命，是一场深刻的社会变革，涉及整个社会结构和社会生活的方方面面。这一过程中出现的矛盾和挑战具有广泛性、深刻性，各种困难和问题的成因也非常复杂。当前，国内外环境都在发生极为广泛而深刻的变化，我国面临对外维护国家主权和安全、发展利益，对内维护政治安全和社会稳定的双重压力，各种可以预见和难以预见的风险因素明显增多。我国发展面临一系列突出矛盾和挑战，前进道路上还有不少困难和问题。比如：发展中不平衡、不协调、不可持续问题依然突出，科技创新能力不强，产业结构不合理，发展方式依然粗放，城乡区域发展差距和居民收入分配差距依然较大，社会矛盾明显增多，教育、就业、社会保障、医疗、住房、生态环境、食品药品安全、安全生产、社

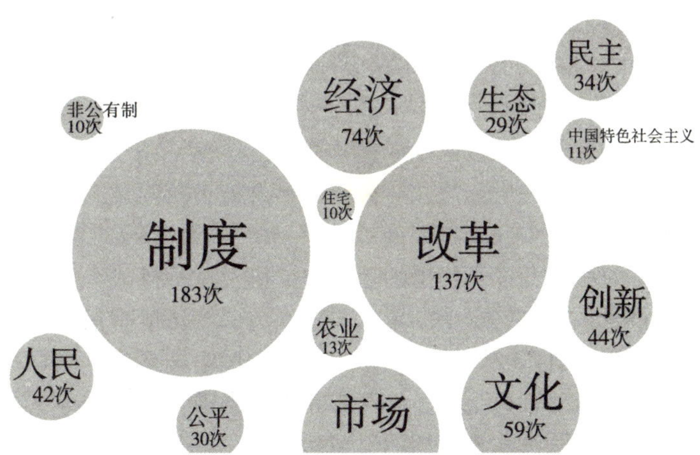

中央关于全面深化改革若干重大问题的决定的关键词

会治安、执法司法等关系群众切身利益的问题较多，部分群众生活困难，形式主义、官僚主义、享乐主义和奢靡之风问题突出，一些领域消极腐败现象易发多发，反腐败斗争形势依然严峻，等等。出现这些问题并不可怕，社会发展就是在不断解决矛盾和问题中前进的，关键是如何着力解决好这些问题，及时化解各种社会矛盾，促进社会和谐发展。毫无疑问，解决这些问题，关键在于深化改革。

回顾过去，中国共产党靠改革开放来振奋民心、统一思想、凝聚力量，来激发全体人民的创造精神和创造活力，来实现我国经济社会快速发展，在与资本主义竞争中赢得比较优势。面对未来，我们要破解发展面临的各种难题，化解来自各方面的风险和挑战，更好地发挥中国特色社会主义制度优势，推动经济社会持续健康发展，除了深化改革开放，别无他途。

“雄关漫道真如铁，而今迈步从头越。”当今的中国正站在一个新的历史起点上。它既古老又现代，既落后又先进，既充满活力又充满矛盾，既充满希望又充满挑战。时代对执政的中国共产党提出了新的更高要求，这就是通过深化改革，进一步形成公平竞争的发展环境，进一步增强经济社会发展活力，进一步提高政府效率和效能，进一步实现社会公平正义，进一步促进社会和谐稳定，进一步提高党的领导水平和执政能力，着力推动解决我国发展面临的一系列突出矛盾和问题，为坚持和发展中国特色社会主义、实现“两个一百年”奋斗目标和伟大的中国梦注入生机和活力。

总之，中国共产党在推进改革开放和社会主义现代化建设中所肩负任务的艰巨性和繁重性世所罕见，在改革发展稳定中所面临的矛盾和问题的规模与复杂性世所罕见，在前进中所面对的困难和风险也世所罕见。这三个“世所罕见”，是新形势对中国共产党提出的新挑战。应对这种挑战，要求中国共产党人在已经取得的重大成就面前既要高度自信，又要保持清醒、自觉，团结带领全国各族人民艰苦奋斗、顽强奋斗、不懈奋斗，过险滩，破瓶颈，沿着中国特色社会主义道路勇往直前，为实现共同的目标而奋斗。

第5章　党面临的考验和危险

5.1　党所处的历史方位

党所处的历史方位，是指党在历史发展进程中所处的位置。如同一个国家的进步只有从历史发展的坐标上去认识才能更加准确，一个社会的变革只有从时代变化的对比中去把握才能更加清晰一样，一个政党的建设也只有在辨明其所处的历史方位后，才能明确其努力方向。

深刻认识和正确把握党自身历史方位的转变，是加强和改进新形势下党的建设的根本前提和依据。经过深入思考，中国共产党对自己所处的历史方位有了清醒的认识，即：党"历经革命、建设和改革，已经从领导人民为夺取全国政权而奋斗的党，成为领导人民掌握全国政权并长期执政的党；已经从受到外部封锁和实行计划经济条件下领导国家建设的党，成为对外开放和发展社会主义市场经济条件下领导国家建设的党"①。党的历史方位的变化，使党面临着提高领导水平和执政水平、提高拒腐防变和抵御风险能力这两大历史性课题，对改善党的领导方式和执政方式、加强和改进党的自身建设都提出了新的要求。

面对风云变幻的国际形势，面对艰巨繁重的国内改革发展稳定任务，中国共产党要团结带领人民在新的历史起点上继续前进，必须在正确把握党自身历史方位变化的基础上，认真分析党的建设面临的形势和任务，不断加强和改进党的建设。

5.2　党面临的四大考验

在世情、国情、党情发生深刻变化的情况下，提高党的

① 参见《十六大以来重要文献选编》上，中央文献出版社2005年版，第9页。

领导水平和执政水平、提高拒腐防变和抵御风险能力，面临许多前所未有的新情况新问题新挑战，其中，执政考验、改革开放考验、市场经济考验、外部环境考验是长期的、复杂的、严峻的。

一是执政考验。事实证明，无产阶级政党夺取政权不易，执掌好政权，尤其是长期执掌好政权更为不易。提高党的领导水平和执政水平，面临着一系列新的重大课题：面对国际形势的深刻变化和国内改革发展的繁重任务，如何坚持以经济建设为中心，抓住发展这个执政兴国的第一要务，促进经济又好又快发展；面对社会主义民主政治的深入发展，如何坚持科学执政、民主执政、依法执政，创新执政理念、转变执政方式，为人民掌好权、执好政；面对人们思想活动独立性、选择性、差异性日益增强，如何巩固马克思主义在意识形态领域的指导地位；面对我国社会空前变革中社会阶层分化、价值观念多样、利益诉求多元、社会矛盾凸现的情况，如何激发全社会的创造活力，把各方面力量凝聚起来，有效维护社会稳定、促进社会和谐，等等。所有这些，都对中国共产党执政提出了新的要求。

二是改革开放考验。在新的历史时期，中国共产党肩负着领导全国人民进行改革开放和实现社会主义现代化的伟大任务。这是一场新的革命，党要领导和推进这场革命，自身必须坚强有力。面对改革开放中日益呈现出的新旧矛盾、长期性矛盾和阶段性矛盾、可以预料和难以预料的矛盾相互交织的复杂局面，排除来自“左”和右的各种干扰，坚定不移地继续推进改革开放，进一步解放和发展生产力，是党执政面临的重大课题和根本任务。

三是市场经济考验。中国的社会主义市场经济是一种新型市场经济，没有现成的经验可以借鉴，也必然会遇到各种突出矛盾和问题。不断完善社会主义市场经济体制，既发挥好市场在资源配置中的基础性作用，又发挥社会主义制度的优越性，仍然是中国共产党需要不断探索和回答的重大课题。此外，经济领域中的市场交换原则也会不同程度地反映到政治生活领域乃至党内生活中来，导致拜金主义、享乐主义、极端个人主义侵蚀党的肌体。如何既能领导好社会主义市场经济，又能始终保持党的先进性和纯洁性，是摆在党面前的重大考验。

四是外部环境考验。当代中国的前途命运已经日益紧密地同世界的前途命运联系在一起。党要领导好国内建设，一刻也不能忽视外部环境的影响，一刻也离不开对世界形势发展变化的准确判断。当前，我国发展的外部环境总体上是有利的，但也要看到，随着世界多极化、经济全球化的深入发展，国际金融危机影响深远，综合国力竞争和各种力量较量更趋激烈，不稳定和不确定因素增多，给我国发展带来了新的机遇和挑战。如何以敏锐的眼光洞悉发展先机，始终保持清醒头脑，统筹国内国际两个大局，牢牢掌握发展的战略主动权；如何既积极参与国际经济合作和竞争，又有效抵制西方敌对势力的渗透破坏，维护国家安全，为中国的改革和发展创造良好外部环境，这是党面临的重大考验。

党面临的四大考验，是同党所处的历史方位相联系的。这四大考验是双重的，既表现在对我们领导水平和执政水平的考验上，又表现在对我们拒腐防变和抵御风险能力的考验上。也就是说，既表现在我们党能不能领导好改革开放，能不能驾驭好市场经济，能不能应对好深刻变动的国际局势的变化，又表现在党能不能为人民执好政、掌好权，会不会在权力、利益、金钱、西方价值观及其生活方式的诱惑下发生腐败变质。

5.3　党面临的四个危险

党的建设是党领导的伟大事业不断取得胜利的重要法宝。中华人民共和国成立后特别是改革开放以来，中国共产党根据自身历史方位和中心任务的变化，不断提高领导水平和执政水平、提高拒腐防变和抵御风险能力，取得了巨大成就。当前，党的建设状况、党的领导水平和执政水平、党员队伍素质总体上同党肩负的历史使命是适应的。同时，党内也存在不少不适应新形势新任务新要求、不符合党的性质和宗旨的问题，精神懈怠的危险，能力不足的危险，脱离群众的危险，消极腐败的危险，更加尖锐地摆在全党面前。

一是精神懈怠的危险。对于肩负着实现中华民族伟大复兴历史使命的中国共产党来说，建立在坚定的理想信念基础上的革命精神是非常宝贵的。坚定的理想信念，是共产党人的政治灵魂，也是共产党人经受住任何考验的精神支柱。中国共产党之所以能从成立时的几十个人发展成为拥有 8000 多万名党员的大党，之所以能领导中国革命、建设、改革取得伟大胜利和巨大成就，团结带领人民在中华民族伟大复兴的道路上奋勇前进，靠的就是革命理想和信念的支撑。在革命、建设、改革各个历史时期，有无数共产党员为了党和人民的事业无私奉献、英勇牺牲，支撑他们的是革命理想高于天的精神力量。现实中，不断有人沦为腐败分子，坠入犯罪的深渊，其根本原因就在于理想信念出了问题。事实一再表明，理想信念的动摇是最危险的动摇，理想信念的滑坡是最危险的滑坡。在长期执政和取得改革发展巨大成就的情况下，如何避免精神懈怠和精神缺钙，如何克服一些党员干部安于现状、贪图享受、不思进取、不想作为、不爱学习、理想信念动摇、缺乏忧患意识的思想，始终保持积极进取的精神状态，坚定理想信念，始终为人民不懈奋斗，这是一个重大而紧迫的问题。

二是能力不足的危险。在国际国内复杂形势下，中国特色社会主义事业发展呈现出许多前所未有的新趋势新特点，面临着许多前所未有的新情况新问题，做好工作的艰巨性、复杂性、挑战性更加突出，对领导者素质、能力的要求越来越高。克服一些党员干部能力素质不高，应对复杂局面的能力不强，工作主动性、积极性和创造性不够，遇到矛盾束手无策、惊慌失措，老办法不管用、新办法不会用等问题，不断提高领导改革开放和现代化建设的能力和本领，更加突出地摆在全党的面前。

三是脱离群众的危险。党的根基在人民、血脉在人民、力量在人民。密切联系群众是中国共产党的最大政治优势，脱离群众是中国共产党执政后的最大危险。当前，一些党员干部宗旨意识淡薄、官本位思想严重，心中没有群众、足迹不到基层，开口全是套话、工作只为领导满意；有些党员干部还存在脱离群众、脱离实际，不讲原则、不负责任，言行不一、弄虚作假，形式主义、官僚主义严重等问题。如果对这些问题重视不够、整治不力，党的执政地位就有丧失的危险。

四是消极腐败的危险。消极腐败是危害党的肌体健康的毒瘤。坚决反对腐败，是中国共产党必须始终抓好的重大政治任务。但是，一些党员干部法治意识、纪律观念淡薄，铺张浪费、奢靡享乐，跑官要官、买官卖官、贪污受贿等问题屡禁不止，一些领导干部特别是高级干部中发生的腐败案件影响恶劣，一些领域腐败现象易发多发，等等。这严重削弱了党的创造力、凝聚力、战斗力，严重影响党的执政地位巩固和执政使命实现，必须引起警醒，抓紧加以解决。

精神懈怠的危险、能力不足的危险、脱离群众的危险、消极腐败的危险，是实实在在的危险，尽管这在党内包括干部队伍内不是主流，但危害极大。如果我们对这些问题不警惕、不解决，任其蔓延和泛滥，就有可能使党走向衰败，终究会毁灭我们的党，因此绝不可以掉以轻心。

5.4　忧党之心与兴党之责

“四大考验”是从党所处的历史方位和实践环境讲的，讲的是党面临着来自外部条件的挑战；“四个危险”则是从党及其干部队伍中存在的问题讲的，讲的是党面临着来自内部问题的挑战。一个是外因，一个是内因，外因一旦通过内因发挥作用，来自内外的双重挑战一旦结合起来，就有亡党亡国的危险。对于中国共产党来说，在“四大考验”和“四个危险”面前，落实党要管党、从严治党的任务比以往任何时候都更为繁重、更为紧迫。

面对新形势新任务，面对“四大考验”和“四个危险”，全党必须增强“四种意识”，即忧患意识、创新意识、宗旨意识、使命意识。

一是忧患意识。生于忧患死于安乐，这是任何一个社会、国家、政党兴衰存亡的内在规律。党的先进性和党的执政地位都不是一劳永逸、一成不变的，过去先进不等于现在先进，现在先进不等于永远先进；过去拥有不等于现在拥有，现在拥有不等于永远拥有。唯有始终保持忧患意识，居安思危，谦虚谨慎，戒骄戒躁，始终保持清醒头脑，清醒地看到所面临的困难和挑战、矛盾和问题，艰苦奋斗、同心同德，才能将党和国家的事业不断推向前进。

二是创新意识。创新是一个民族进步的灵魂，是一个国家兴旺发达的不竭动力，也是一个政党永葆生机的源泉。面对新形势新任务新问题新挑战，唯有创新才能不断推进科学发展。全党必须牢固树立创新意识，着力提升创新素质和创新能力，坚持解放思想、实事求是、改革创新、求真务实，坚持真理，修正错误，始终保持奋发有为的精神状态和创造活力，不断开辟事业发展的新局面。

三是宗旨意识。党来源人民、根植人民、服务人民，党的根本宗旨是全心全意为人民服务。密切联系群众是党的最大政治优势，脱离群众是党面临的最大危险。增强宗旨意识，就要时刻防止脱离群众，牢记权为民所授，坚持权为民所用、情为民所系、利为民所谋，相信群众，依靠群众，始终把人民放在心中最高位置，深入实际察民情、听民声、知民意、解民忧，把人民群众满意度作为衡量工作的标准，真正做到问政于民、问需于民、问计于民，不断提升人民群众的生活福祉。

四是使命意识。党自诞生之日起，就担当起带领中国人民实现中华民族伟大复兴的历史使命。经过 90 多年来的奋斗，我们比历史上任何时期，都更加接近中华民族伟大复兴这个目标，但实现这个目标仍然任重道远。我们要继续实现推进现代化建设、完成祖国统一、维护世界和平与促进共同发展这三大历史任务，就必须增强使命意识，时刻牢记党的崇高使命和人民重托，求真务实，艰苦奋斗，始终保持共产党人的政治本色，不断谱写事业发展新篇章。

“

全党必须牢记，党的先进性和党的执政地位都不是一劳永逸、一成不变的，过去先进不等于现在先进，现在先进不等于永远先进；过去拥有不等于现在拥有，现在拥有不等于永远拥有。……全党必须居安思危，增强忧患意识，常怀忧党之心，恪尽兴党之责，勇于变革、勇于创新，永不僵化、永不停滞，继续推进党的建设新的伟大工程，确保党在世界形势深刻变化的历史进程中始终走在时代前列，在应对国内外各种风险和考验的历史进程中始终成为全国人民的主心骨，在发展中国特色社会主义的历史进程中始终成为坚强的领导核心。

——《中共中央关于加强和改进新形势下党的建设若干重大问题的决定》(2009 年 9 月 18 日中国共产党第十七届中央委员会第四次全体会议通过)。

居安思危，忧党兴党，体现了中国共产党人对党面临的风险、挑战及存在问题的一种认识上的清醒，体现了中国共产党人有能力应对风险和挑战、解决党内存在问题的一份自信，体现了中国共产党人对实现全面小康和社会主义现代化、实现中华民族伟大复兴的一种强烈的使命意识和自觉的责任意识。

忧党才能兴党。忧党意识，是指一个政党在充分估计前进过程中可能出现的困难和风险的基础上形成的一种危机感和前瞻意识。这是一个党成熟的重要表现。长期以来，我们党始终保持了这种忧患意识，并为此进行了不懈的努力。随着执政时间的增长，我们党面临着执政环境的变化、市场经济的考验、对外开放的种种挑战，特别需要保持那种“如履薄冰、如临深渊”的危机感和紧迫感，做到盛世不忘隐忧，居安须防危乱，时刻思大势、思民心、思发展、思未来。这种谦虚谨慎、戒骄戒躁的态度，是党永葆生机和活力的途径。在中华人民共和国成立 60 周年前夕，党中央再次提出“忧党”与“兴党”的时代课题，表明了我们党对自身建设的自警自省达到了新的高度，对自身建设特点规律的把握达到了新的水平。

忧党之心作为一种思想上的醒悟，仅仅停留于有忧患意识还不够，还必须有解决忧患的实际行动，忧党意识必须转化为解忧的实际行动。要敢于迎难而上，锐意开拓进取，在化解矛盾中推动党的事业发展。

具有忧党意识是一种认识上的清醒，履行兴党之责则体现了一种行动上的自觉。各级党组织、广大党员特别是党的领导干部，都需要履行好兴党之责，首先是坚定兴党之志。兴党之志，是兴党之魂，是推进党的建设的自觉追求和内在动力。忧党是对每个党员的要求，兴党是每个党员的职责。作为党员，放弃了兴党之志，不仅自己会碌碌无为，而且兴党之责也无从谈起，革命战争年代是如此，改革开放后的今天也是如此。

履行好兴党之责，关键是创造兴党之业。创造实实在在的业绩，推动党的各项事业健康发展，是实现兴党的关键所在。政党的兴旺需要通过实实在在的业绩来支撑。没有求真务实的行动，兴党之责只能停留在口号上。要把兴党的立足点放在凝聚人心、真抓实干上，将工夫下到抓落实上，将本领用在促发展上；盯着问题走，迎着困难上，不喊哗众取宠的空口号，扎实苦干，敢于担当，以身作则，率先垂范，追求实实在在的效果。

履行好兴党之责，必须恪守兴党之廉。执政党的权威是执政的无形政治资本，而腐败现象则严重侵蚀这一政治资本。可以说，腐败是兴党的大敌。广大党员和干部必须做到思想上始终清醒、政治上始终坚定、作风上始终务实，严格执行党风廉政建设的各项规定，自觉地把自己置于组织和群众的监督之下。同时，要坚持科学执政、民主执政、依法执政，增强执政意识和执政素质，勤政为民、廉政为民，不断提高廉政水平和执政能力，永葆共产党员的政治本色。唯有如此，才能保证党的肌体始终健康，党的事业始终兴旺发达。

打铁还需自身硬。我们的责任，就是同全党同志一道，坚持党要管党、从严治党，切实解决自身存在的突出问题，切实改进工作作风，密切联系群众，使我们党始终成为中国特色社会主义事业的坚强领导核心。

——习近平在十八届中共中央政治局常委同中外记者见面时的讲话(2012 年 11 月 15 日)。

落实党要管党、从严治党的任务，不仅是党中央的责任，也是全党的责任。每一位共产党员都要常怀忧党之心、恪尽兴党之责，以自己的模范行动为党旗增添光辉。

第6章　全面提高党的建设科学化水平

6.1　提高党的建设科学化水平的重大命题和重大任务

6.1.1　“党的建设科学化”命题的提出

党的建设的科学化，从根本上说，就是中国共产党人努力认识、不断把握和自觉运用马克思主义政党建设规律的过程，是中国共产党加强自身建设一贯坚持的理想追求。

中国共产党自成立以来，一直非常重视自身建设，并在领导革命、建设和改革中把握和运用马克思主义政党建设规律，推进党的建设，积累了丰富经验。从“党的建设科学化”命题来看，早在1929年古田会议上，毛泽东就提出了“使党员的思想和党内的生活都政治化，科学化”①的命题，为党的建设指明了方向。改革开放以后，邓小平、江泽民等党的主要领导人也多次阐述党的建设要“制度化”、“规范化”、“科学化”的问题，使“党的建设科学化”命题呼之欲出。而明确提出“党的建设科学化”概念，则是在中共十七届四中全会上。

为了提高党的建设科学化水平，推进党的建设新的伟大工程，2009年9月召开的中共十七届四中全会作出了《中共中央关于加强和改进新形势下党的建设若干重大问题的决定》，明确提出了“党的建设科学化”的全新命题，提出了“提高党的建设科学化水平”的重大命题和重大任务②，阐述了加强和改进党的建设的总体要求、目标任务、重要举措，对加强和改进新形势下党的建设作出战略部署。胡锦涛在党

---

① 《毛泽东选集》第1卷，人民出版社1991年版，第92页。

② 参见《中共中央关于加强和改进新形势下党的建设若干重大问题的决定》，中国方正出版社2009年版，第9~10页。

的十七届四中全会上的讲话中，阐述了提高党的建设科学化水平的基本要求，又在 2011 年 7 月庆祝中国共产党成立 90 周年大会上的讲话中，进一步提出了提高党的建设科学化水平的目标任务和基本要求，为在新的历史条件下推进党的建设科学化指明了方向。

6.1.2　提高党的建设科学化水平的基本要求

在新的历史条件下，提高党的建设科学化水平，在根本上就是要不断把握和自觉运用马克思主义执政党建设规律，努力在以科学理论指导党的建设、以科学制度保障党的建设、以科学方法推进党的建设上见到实效。① 胡锦涛在中共十七届四中全会上的讲话中，对此作了详细阐述。

提高党的建设科学化水平，关键是要坚持科学理论指导。马克思列宁主义、毛泽东思想、中国特色社会主义理论体系，为我们适应新形势新任务新要求、推进党的建设提供了强有力的理论指导。加强和改进新形势下党的建设，有其客观规律需要我们去认识、去把握，有大量复杂课题需要我们去研究、去破解。我们要在加强实践探索的同时，紧密结合新的历史条件和新的历史任务，认真学习马克思主义建党学说，加强党建理论研究和创新，努力把握和运用马克思主义执政党建设的客观规律，深刻认识和运用党领导人民夺取政权、巩固政权、执掌政权的客观规律，深入研究推动科学发展、促进社会和谐对党的建设提出的新要求，认真总结加强党的执政能力建设先进性和纯洁性建设的新鲜经验，不断丰富和发展马克思主义执政党建设理论。

提高党的建设科学化水平，根本是要坚持科学制度保证。制度建设既是党的建设的重要组成部分，又是党的建设的重要保证。要增强党内生活和党的建设制度的严密性与科学性，既要有实体性制度，又要有程序性制度；既要明确规定应该怎么办，又要明确违反规定该怎么处理，减少制度执行的自由裁量空间，推进党的建设科学化、制度化、规范化。

---

① 参见胡锦涛：《努力开创新形势下党的建设新局面》，《求是》2010 年第 1 期。

提高党的建设科学化水平，基础是要坚持科学方法推进。科学方法的运用对提高党的建设水平至关重要。长期以来，各级党组织在探索和运用党的建设科学方法方面取得了不少成效，应该结合新的实际加以丰富和完善。现在信息网络化程度越来越高，对党的建设提出了挑战，也带来机遇。要运用信息网络技术来加强和改进党的建设，提高党建工作效率。各级干部要学习和熟悉信息网络，善于运用信息网络，提高运用信息网络进行引导和管理的能力。加强和改进新形势下党的建设，既要有决心和信心，也要有科学方法；既要继承和发展党在长期实践中积累的成功方法，也要积极探索运用现代管理学、组织学、心理学等科学方法，借鉴外国政党的有益做法。探索党的建设的有效方法，必须立足于党的建设实践，努力把握党的建设规律，既创造性运用马克思主义哲学的基本方法，又善于运用有效解决实际问题的具体方法；既继承发展传统方法，又学习借鉴现代管理方法，逐步形成内容丰富、结构完整、相互协调、务实管用的科学方法体系。

在新的历史条件下提高党的建设科学化水平，要做到“五个必须坚持”①：一是必须坚持解放思想、实事求是、与时俱进，大力推进马克思主义中国化、时代化、大众化，提高全党思想政治水平；二是必须坚持五湖四海、任人唯贤，坚持德才兼备、以德为先的用人标准；三是必须坚持以人为本、执政为民理念；四是必须坚持标本兼治、综合治理、惩防并举、注重预防的方针，深入开展党风廉政建设和反腐败斗争；五是必须推进党的建设制度化、规范化、程序化。

6.2　提高党的建设科学化水平的总要求

中国共产党是掌握全国政权并长期执政的党，担负着团结带领人民建设中国特色社会主义、实现中华民族伟大复兴的历史重任。形势的发展、事业的开拓、人民的期待，都要求以改革创新精神全面推进党的建设新的伟大工程，全面提

① 参见胡锦涛：《在庆祝中国共产党成立 90 周年大会上的讲话》，人民出版社 2011 年版，第 10~17 页。

高党的建设科学化水平。

党的十八大紧紧围绕全面提高党的建设科学化水平这个主题，明确提出了加强和改进党的建设的总体要求：

> 全党要增强紧迫感和责任感，牢牢把握加强党的执政能力建设、先进性和纯洁性建设这条主线，坚持解放思想、改革创新，坚持党要管党、从严治党，全面加强党的思想建设、组织建设、作风建设、反腐倡廉建设、制度建设，增强自我净化、自我完善、自我革新、自我提高能力，建设学习型、服务型、创新型的马克思主义执政党，确保党始终成为中国特色社会主义事业的坚强领导核心。

其中，“一条主线”，即加强党的执政能力建设、先进性和纯洁性建设，这是党的根本建设；“两个坚持”，即坚持解放思想、改革创新，坚持党要管党、从严治党，这是保持马克思主义政党先进性和纯洁性的重要方针；“五个建设”，即全面加强党的思想建设、组织建设、作风建设、反腐倡廉建设、制度建设，这是全面推进党的建设新的伟大工程的总体布局；“四自能力”，即增强党的自我净化、自我完善、自我革新、自我提高能力，这是保持党的思想纯洁、组织纯洁、作风纯洁的根本途径；“一个目标”，即建设学习型、服务型、创新型的马克思主义执政党，确保党始终成为中国特色社会主义事业的坚强领导核心，这是新形势下全面提高党的建设科学化水平的战略任务。

党的十八大提出的加强和改进党的建设的总体要求，既着眼于继承和弘扬党成立 90 多年来保持和发展马克思主义政党先进性的根本点，更着眼于顺应和应对新形势下世情国情党情的新变化，抓住了当前和今后一个时期加强和改进党的建设的关键，是全面提高党的建设科学化水平的根本要旨。

根据党的建设总要求，新形势下党的建设八个方面重点任务是：坚定理想信念，坚守共产党人精神追求；坚持以人为本、执政为民，始终保持党同人民群众的血肉联系；积极发展党内民主，增强党的创造活力；深化干部人事制度改革，建设高素质执政骨干队伍；坚持党管人才原则，把各方面优秀人才集聚到党和国家事业中来；创新基层党建工作，夯实党执政的组织基础；坚定不移反对腐败，永葆共产党人清正廉洁的政治本色；严明党的纪律，自觉维护党的集中统一。

6.3　牢牢把握党的建设主线

党的建设的主线，既是执政党自身建设的重点，又对党的其他各方面建设起牵头作用和管总作用。党的建设主线的构成要素，包括执政能力建设、先进性和纯洁性建设。在新形势下，我们以改革创新的精神和求真务实的态度研究与解决党的建设面临的问题，要着眼于提高党的执政能力、保持和发展党的先进性与纯洁性，牢牢把握加强党的执政能力建设、先进性和纯洁性建设这条主线，全面提高党的建设科学化水平，确保党在世界形势深刻变化的历史进程中始终走在时代前列，在应对国内外各种风险和考验的历史进程中始终成为全国人民的主心骨，在发展中国特色社会主义的历史进程中始终成为坚强领导核心。

6.3.1　党的执政能力建设

> 党的执政能力，就是党提出和运用正确的理论、路线、方针、政策和策略，领导制定和实施宪法和法律，采取科学的领导制度和领导方式，动员和组织人民依法管理国家和社会事务、经济和文化事业，有效治党治国治军，建设社会主义现代化国家的本领。
>
> ——《中共中央关于加强党的执政能力建设的决定》(2004年9月19日中国共产党第十六届中央委员会第四次全体会议通过)。

党的执政能力建设成为马克思主义政党执政以后的一项根本建设。

加强党的执政能力建设的总体目标是：通过全党共同努力，使党始终成为立党为公、执政为民的执政党，成为科学执政、民主执政、依法执政的执政党，成为求真务实、开拓创新、勤政高效、清正廉洁的执政党，带领全国各族人民实现国家富强、民族振兴、社会和谐、人民幸福。

加强党的执政能力建设的主要任务是：不断提高驾驭社会主义市场经济的能力、发展社会主义民主政治的能力、建设社会主义先进文化的能力、构建社会主义和谐社会的能力、应对国际局势和处理国际事务的能力。要立足现实、着眼长远，抓住重点、整体推进，不断研究新情况、解决新问题、创建新机制、增长新本领，使党的执政方略更加完善、执政体制更加健全、执政方式更加科学、执政基础更加巩固。

6.3.2　党的先进性和纯洁性建设

共产党的先进性，是指党在思想、理论、纲领等方面所具有的优于其他政党的特质。这种特质，是以马克思主义为指导思想，以工人阶级为阶级基础，以优秀分子为成员，以民主集中制为组织原则所形成的，它体现在党的理想、宗旨、路线、纲领、方针和政策之中，体现在广大党员和党的干部模范带头作用之中，体现在党推动人类社会历史发展进步之中。

共产党的纯洁性，就是指党员、干部的思想、作风、行为符合党的工人阶级先锋队性质和为大多数人谋利益的宗旨这一特性。党能否保持纯洁性，不仅关系到党组织的形象，也关系到党组织功能的发挥。党的纯洁性，体现在党的思想、政治、组织和作风各个方面。

先进性和纯洁性，是马克思主义政党的根本特征和本质要求，也是马克思主义政党的生命所系、力量所在，是永葆党的政治本色和党的生机活力的客观需要。党的先进性和纯洁性建设，是马克思主义政党加强自身建设的永恒课题。中国共产党自成立以来，之所以能够在各种政治力量的长期斗争和反复较量中脱颖而出，不断发展壮大，成为执掌全国政权并长期执政的党，最根本的就在于始终保持了马克思主义政党的先进性和纯洁性。

加强党的先进性和纯洁性建设，就是要通过推进思想建设、组织建设、作风建设、反腐倡廉建设和制度建设，使党的理论和路线方针政策合乎时代发展的潮流，顺应我国社会发展进步的要求，反映全国各族人民的利益和愿望，使各级党组织不断提高创造力、凝聚力、战斗力，始终发挥领导核心作用和战斗堡垒作用，使广大党员不断提高自身素质，始终发挥先锋模范作用，使党不断提高执政能力、巩固执政地位、完善执政使命。

党的先进性和纯洁性，体现在党的思想、政治、组织和作风各个方面。保持思想先进纯洁，最重要的是保持对共产主义的坚定信仰、对中国特色社会主义的坚定信念。保持政治先进纯洁，最重要的是坚决执行党的纲领、章程和路线方针政策，在社会主义初级阶段，必须坚持“一个中心，两个基本点”的基本路线，坚决抵制和反对一切违背党的基本路线的错误政治倾向。保持组织先进纯洁，要严格管理党员队伍和党的干部队伍，严把入口、加强教育、强化监督、畅通出口。保持作风先进纯洁，核心是密切联系群众，始终与人民群众同呼吸、共命运，始终代表人民群众的意志和利益，始终依靠人民群众来推动历史前进。

在新形势下保持党的先进性和纯洁性的基本要求是：坚持党要管党、从严治党，坚持强化思想理论武装和严格队伍管理相结合、发扬党的优良作风和加强党性修养与党性锻炼相结合、坚决惩治腐败和有效预防腐败相结合、发挥监督作用和严肃党的纪律相结合，不断增强自我净化、自我完善、自我革新、自我提高能力，始终保持党的先进性和纯洁性。

6.3.3 党的执政能力建设、先进性和纯洁性建设的关系

党的先进性同纯洁性相辅相成、不可分割。先进性决定纯洁性的价值方向，也是判断党是否纯洁的重要尺度；纯洁性是先进性的重要支撑，党保持不了纯洁性，先进性也无从

谈起。党的先进性和纯洁性在本质上的内在统一性，具体表现为二者统一于党的性质和宗旨的规定性，统一于坚持和发展中国特色社会主义的伟大事业中，统一于党的建设新的伟大工程的实践中。

> 党的纯洁性同党的先进性相辅相成、密不可分。纯洁性是先进性的前提和基础，先进性是纯洁性的体现和保证，二者在本质上是一致的。
>
> ——习近平：《扎实做好保持党的纯洁性各项工作》(2012 年 3 月 1 日)。

习近平在 2012 年 5 月 21 日全国创先争优理论研讨会上的讲话中，将纯洁性和先进性联系在一起，强调先进性和纯洁性是马克思主义政党的本质属性，贯穿于党的性质、宗旨、任务和全部工作中，体现在各级党组织和全体党员的实际行动上。这种先进性和纯洁性，不是固定不变的，而是与时俱进、随着形势和任务的发展变化而不断丰富与发展的；不是一劳永逸的，而是必须通过坚持不懈地加强党的自身建设才能保持与发展的。“保持党的先进性和纯洁性是党的建设一项长期而又常新的战略任务，需要不断地结合新形势新任务从理论和实践的结合上进行研究。”①

同样，在长期执政的条件下，党的执政能力建设与党的先进性和纯洁性建设紧密相连、相辅相成、密不可分。一方面，执政能力是党的先进性和纯洁性的客观标志与外在的具体体现，执政党的先进性和纯洁性必须通过执政能力来展现，通过执政绩效来检验。党的执政能力建设是执政党的一项根本建设，执政党的先进性和纯洁性建设的成就要体现在党的执政能力、执政绩效上。另一方面，党的先进性和纯洁性建设是党的建设的永恒主题，涵盖党的思想、组织、作

---

① 习近平：《坚持不懈推进党的先进性和纯洁性建设——在全国创先争优理论研讨会上的讲话》(2012 年 5 月 21 日)。

风、反腐倡廉、制度等各个方面的建设，并外在地表现为党在治国理政实践中的能力和本领、党在人民群众中的形象与风貌。党的先进性和纯洁性建设是党的执政能力建设的内在基础和决定因素。如果党的先进性和纯洁性建设抓得不紧或未见成效或成效不显著，党就会失去人民群众的信任，就会丧失执政资格和执政地位，党的执政能力建设也就无从谈起。在长期执政的条件下，抓紧抓好党的先进性和纯洁性建设，就是抓住了提高党的执政能力、巩固党的执政地位的关键。

总之，党的执政能力建设、先进性和纯洁性建设一起，共同构成党的建设的主线，贯穿于党的思想建设、组织建设、作风建设、反腐倡廉建设和制度建设之中，统一于党的建设新的伟大工程的实践。

6.3.4 党的建设主线与总体布局的关系

党的建设之所以被称作伟大的工程，是因为党的建设是涵盖党的各个方面建设在内的全面建设，主要包括思想建设、组织建设、作风建设、反腐倡廉建设、制度建设等方面。党的各方面建设既各有侧重又彼此联系，统一于党的建设伟大工程和中国特色社会主义的伟大事业。其中，党的思想建设居于党的建设首要位置，为党的组织建设、作风建设、反腐倡廉建设和制度建设奠定思想基础；党的组织建设为党的思想建设、作风建设、反腐倡廉建设和制度建设提供组织保证；党的作风建设、反腐倡廉建设关系到党的形象和肌体健康，既为党的建设提供纪律和作风保障，又反映党的思想建设、组织建设、制度建设的成效；党的制度建设关系到党的自身建设的制度化、规范化、程序化，为党的思想建设、组织建设、作风建设、反腐倡廉建设提供根本的制度保证。而贯穿于党的建设各个方面和全过程的主线，就是党的执政能力建设、先进性和纯洁性建设，党的建设总体布局的各个方面都是围绕这一主线展开的。党的建设的目的，就是要不断增强自我净化、自我完善、自我革新、自我提高能力，建设学习型、服务型、创新型的马克思主义执政党，确保党始终成为中国特色社会主义事业的坚强领导核心。

6.4 建设学习型、服务型、创新型的马克思主义执政党

党的十八大在以往提出的建设学习型政党、建设马克思主义学习型政党的基础上，首次明确提出“建设学习型、服务型、创新型的马克思主义执政党”的战略任务。这是对新时期党的建设经验的总结，是党的建设理论的一个重要创新，是对建设什么样的党、怎样建设党这一基本问题的创造性回答，更是对全面提高党的建设科学化水平，确保党始终成为中国特色社会主义事业的坚强领导核心提出的新要求。

无论是从理论上还是从实践上看，学习型、服务型、创新型都应当是马克思主义执政党的三大基本特征。其中，学习型特征彰显着马克思主义执政党在理论上的先进性，党通过不断学习来认识和把握人类社会发展规律、社会主义建设规律、共产党执政规律，从而担负起引领社会前进的历史重任；服务型特征彰显着马克思主义政党的根本宗旨，党通过全心全意为人民服务来彰显马克思主义政党的根本价值追求，从而凝聚人心和力量，团结带领人民群众为不断实现自身的利益而奋斗；创新性特征彰显着马克思主义政党与时俱进的时代风貌和在社会生活实践过程中的解放思想、实事求是、与时俱进、求真务实的理论品格和实践品格。对于中国共产党来说，学习型、服务型、创新型这三大特征，反映了党自成立以来一贯重视学习、善于学习的优良传统，服务人民、造福人民的政治责任，与时俱进、改革创新的时代品质。

建设学习型、服务型、创新型的马克思主义执政党，是新形势下全面提高党的建设科学化水平的战略任务，具有丰富的时代内涵，寄托着人民的信任和重托，是加强党的执政能力建设、先进性和纯洁性建设、确保党始终成为中国特色社会主义事业的坚强领导核心的必然要求。

建设学习型的马克思主义执政党，是加强党的执政能力建设、先进性和纯洁性建设的重要前提。学习是文明传承之途、人生成长之梯、政党巩固之基、国家兴盛之要。在新的历史条件下建设学习型的马克思主义执政党，是保持党在理

论上和实践上的先进性的本质要求，是继承和弘扬党的优良传统、发扬党的政治优势的必然要求，是新形势新任务对党的建设提出的新要求，有着理论依据、历史依据和现实依据。新形势下建设学习型的马克思主义执政党，就是按照科学理论武装、具有世界眼光、善于把握规律、富有创新精神的要求，坚持以思想理论建设为根本建设，坚持解放思想、实事求是、与时俱进、求真务实，不断推进马克思主义中国化、时代化、大众化，提高运用科学理论改造主观世界和客观世界的能力，使党的理论和实践始终体现时代性、把握规律性、富于创造性。

建设服务型的马克思主义执政党，是加强党的执政能力建设、先进性和纯洁性建设的根本要求。全心全意为人民服务是中国共产党人的唯一宗旨，立党为公、执政为民是中国共产党不变的价值追求和科学理念，是检验党的一切执政活动的最高标准。密切联系群众是党的最大政治优势，脱离群众是党执政后的最大危险。新形势下建设服务型的马克思主义执政党，就是要坚持以人为本、执政为民，始终保持党同人民群众的血肉联系。坚持问政于民、问需于民、问计于民，从人民的伟大实践中汲取智慧和力量。坚持实干富民、实干兴邦，敢于开拓，勇于担当，多干让人民满意的好事实事，为人民群众排忧解难。

建设创新型的马克思主义执政党，是加强党的执政能力建设、先进性和纯洁性建设的时代要求。科学的本质就是创新。创新是一个民族进步的灵魂，是一个国家兴旺发达的不竭动力，也是一个政党永葆生机的源泉。我们要建设一个创新型国家，要走中国特色自主创新道路，实施创新驱动发展战略，作为一个领导创新型国家建设的党，必然应当，也只能是一个创新型的执政党。在前进征程上，必须按照建设创新型的马克思主义执政党的要求，既坚持党的优良传统，又要坚持从新的实际出发；用时代发展要求审视自己，以改革创新精神提高和完善自己；不断推进党的建设实践创新、理论创新、制度创新，使党的建设不断适应党的事业的发展要求，永葆党的生机活力。

建设学习型、服务型、创新型的马克思主义执政党的三个方面任务是紧密联系的。只有建设学习型的马克思主义执政党，才能不断增强为人民服务本领、提高改革创新能力；只有建设服务型的马克思主义执政党，才能明确学习和创新的根本目的，找到学习和创新的实践途径，从而增强学习和创新的主动性、自觉性和实效性；只有建设创新型的马克思主义执政党，才能不断增强学习效果，更好地服务人民，实现好维护好发展好人民群众的利益，不断满足人民的新期待，始终代表最广大人民的根本利益。总之，建设学习型、服务型、创新型的马克思主义执政党，必须作为加强党的执政能力建设、先进性和纯洁性建设重大而紧迫的战略任务抓紧抓好，确保党始终成为中国特色社会主义事业的坚强领导核心。

从严治党篇

中国共产党是一个长期执政的党。治国必先治党，治党必须从严。党要管党，才能管好党；从严治党，才能治好党。对中国共产党这样一个拥有8668多万党员、430多万个基层组织、在一个13亿人口大国长期执政的党，管党治党一刻不能松懈。如果管党不力、治党不严，人民群众反映强烈的党内突出问题得不到解决，那么我们迟早会失去执政资格，不可避免会被历史淘汰。必须把从严治党贯彻和体现到从严管理干部、从严管理党员队伍、扎实做好抓基层打基础工作、严肃党内生活等各个方面。党的十八大以后，以习近平为总书记的党中央强调打铁还得自身硬，坚持解放思想、改革创新，坚持党要管党、从严治党，在推进全面建成小康社会和全面深化改革的进程中，以踏石留印、抓铁有痕的精神真抓实干，管党治党，开辟了党的建设新局面。

第 7 章　密切联系群众

7.1　党的群众路线的形成与发展

党的群众路线是党的根本政治路线和组织路线，是党的一切工作的生命线。党的群众路线是中国共产党在长期实践中逐步形成和丰富发展起来的，是中国共产党人将马克思主义唯物史观运用于中国实际和党的全部工作而产生的创造性成果。

中国共产党是马克思主义与中国工人运动相结合的产物。党从成立之初就十分重视群众的力量。党在一大之后，就将主要的精力投放在对工人、农民进行马克思主义理论的宣传教育组织等方面的工作上。在党的文件中，也蕴含着党的群众路线的思想。例如，1922 年，党的二大《关于共产党的组织章程决议案》指出："我们既然是为无产群众奋斗的政党，我们便要'到群众中去'，要组成大的'群众党'。"1925 年党的四大《关于职工运动之议决案》提出，要"尽力发展我们自己党的组织，力求深入群众"。1925 年 10 月，在《中国共产党扩大执行委员会决议案》中的关于《组织问题议决案》指出："中国革命运动的将来命运，全看中国共产党会不会组织群众，引导群众。"这里所说的"为无产群众奋斗"、"到群众中去"、"深入群众"、"组织群众，引导群众"，无不体现了群众路线的思想。这一时期，以毛泽东为代表的中国共产党人注重调查研究，深入实际，联系群众。所发表的《中国社会各阶级的分析》、《湖南农民运动考察报告》等文章，都不同程度地体现了党的群众路线的思想。

1928 年召开的党的六大，明确了革命低潮时期党的总路线是争取群众。之后，李立三、周恩来、毛泽东相继使用了群众路线这个概念。由于毛泽东十分重视群众工作，所以他使用这个概念以后，在一系列文章、指示、报告和讲话中，反复阐述和强调深入群众、动员群众、组织群众、宣传群众、教育群众、相信群众、依靠群众、尊重群众、关心群众的问题，基本上形成了群众路线的思想。

抗日战争时期党的抗战全面路线和人民战争的战略战术，集中体现了党的群众路线的思想。1943年6月1日，毛泽东在《关于领导方法的若干问题》一文中，系统地阐述了群众路线的思想。毛泽东指出："在我党的一切实际工作中，凡属正确的领导，必须是从群众中来，到群众中去。这就是说，将群众的意见（分散的无系统的意见）集中起来（经过研究，化为集中的系统的意见），又到群众中去作宣传解释，化为群众的意见，使群众坚持下去，见之于行动，并在群众行动中考验这些意见是否正确。然后再从群众中集中起来，再到群众中坚持下去。如此无限循环，一次比一次地更正确、更生动、更丰富。这就是马克思主义的认识论。……从群众中集中起来又到群众中坚持下去，以形成正确的领导意见，这是基本的领导方法。在集中和坚持过程中，必须采取一般号召和个别指导相结合的方法，这是前一个方法的组成部分。"①显然，毛泽东从领导方法、工作方法的角度来阐释党的群众路线的具体内涵，同时又从实践论与认识论相统一的纬度，深化了党的群众路线的方法论内涵。

1945年党的七大将毛泽东关于党的群众路线的基本思想写入党章。党章总纲部分指出："中国共产党人与工人群众、农民群众及其他革命人民建立广泛的联系……必须经常警戒自己脱离人民群众的危险性，必须经常注意防止和清洗自己内部的尾巴主义、命令主义、关门主义、官僚主义与军阀主义等脱离群众的错误倾向。"这是中国共产党第一次在党章中深入地阐述党的群众路线问题，正式确立了群众路线在党的工作中的地位。刘少奇在《关于修改党章的报告》中，对此作了说明。他指出：党的群众路线，"就是要使我们党与人民群众建立正确关系的路线，就是要使我们党用正确的态度与正确的方法去领导人民群众的路线"。因此，"是我们党的根本的政治路线，也是我们党的根本的组织路线"。同时明确

① 《毛泽东选集》第3卷，人民出版社1991年版，第899~900页。

了群众观点的主要内容：即一切为人民群众的观点，一切向人民群众负责的观点，相信群众能自己解放自己的观点，向人民群众学习的观点。

相关链接

毛泽东谈“愚公移山”

我们宣传大会的路线，就是要使全党和全国人民建立起一个信心，即革命一定要胜利。首先要使先锋队觉悟，下定决心，不怕牺牲，排除万难，去争取胜利。但这还不够，还必须使全国广大人民群众觉悟，甘心情愿和我们一起奋斗，去争取胜利。要使全国人民有这样的信心：中国是中国人民的，不是反动派的。中国古代有个寓言，叫做“愚公移山”。说的是古代有一位老人，住在华北，名叫北山愚公。他的家门南面有两座大山挡住他家的出路，一座叫做太行山，一座叫做王屋山。愚公下决心率领他的儿子们要用锄头挖去这两座大山。有个老头子名叫智叟的看了发笑，说是你们这样干未免太愚蠢了，你们父子数人要挖掉这样两座大山是完全不可能的。愚公回答说：我死了以后有我的儿子，儿子死了，又有孙子，子子孙孙是没有穷尽的。这两座山虽然很高，却是不会再增高了，挖一点就会少一点，为什么挖不平呢？愚公批驳了智叟的错误思想，毫不动摇，每天挖山不止。这件事感动了上帝，他就派了两个神仙下凡，把两座山背走了。现在也有两座压在中国人民头上的大山，一座叫做帝国主义，一座叫做封建主义。中国共产党早就下了决心，要挖掉这两座山。我们一定要坚持下去，一定要不断地工作，我们也会感动上帝的。这个上帝不是别人，就是全中国的人民大众。全国人民大众一齐起来和我们一道挖这两座山，有什么挖不平呢？

——《毛泽东选集》第 3 卷，人民出版社 1991 年版，第 1101~1102 页。

毛泽东在党的七大闭幕词中，用“愚公移山”的典故，来说明共产党人发动人民群众战胜帝国主义和封建主义的斗争。他将帝国主义和封建主义比做挡住居民出路的两座大山，将共产党人比做愚公，而将人民群众比做上帝，勉励共产党人要用愚公那种每天挖山不止的精神感动人民群众这个上帝，共同推翻帝国主义和封建主义两座大山。中国共产党人正是用愚公移山的精神“唤起工农千百万”，紧紧依靠人民群众取得了新民主主义革命的胜利，建立了中华人民共和国。随后，党又紧紧依靠人民迅速恢复国民经济，接着又进行了社会主义改造，实现由新民主主义到社会主义的转变，建立了社会主义基本制度，为当代中国一切发展进步奠定了根本的政治前提和制度基础。

1956年召开的党的八大明确将党的群众路线载入党章。邓小平在党的八大修改党章的报告中，明确指出：“执政党的地位，使我们党面临着新的考验。……执政党的地位，很容易使我们同志沾染上官僚主义的习气。脱离实际和脱离群众的危险，对于党的组织和党员来说，不是比过去减少而是比过去增加了。”①因此，“党章草案的总纲，着重地指出了党必须不断地发扬党的工作中的群众路线的传统，并且指出了这个任务由于党成了执政的党而有更加重大的意义”②。在这个报告中，邓小平将党的群众路线、群众观点、联系群众的作风、群众工作方法统一起来加以论述。

什么是党的工作中的群众路线呢？简单地说来，它包含两方面的意义：在一方面，它认为人民群众必须自己解放自己；党的全部任务就是全心全意地为人民群众服务；党对于人民群众的领导作用，就是正确地给人民群众指出斗争的方向，帮助人民群众自己动手，争取和创造自己的幸福生活。……每一个党员必须养成为人民服务、向群众

① 《邓小平文选》第1卷，人民出版社1994年版，第214页。

② 《邓小平文选》第1卷，人民出版社1994年版，第216页。

负责、遇事同群众商量和同群众共甘苦的工作作风。……在另一方面，它认为党的领导工作能否保持正确，决定于它能否采取“从群众中来，到群众中去”的方法。

——《邓小平文选》第1卷，人民出版社1994年版，第217页。

1957年7月，毛泽东在论述人民内部矛盾问题时曾明确指出：“所谓正确处理人民内部矛盾问题，就是我党从来经常说的走群众路线的问题。共产党员要善于同群众商量办事，任何时候也不要离开群众。党群关系好比鱼水关系。如果党群关系搞不好，社会主义制度就不可能建成；社会主义制度建成了，也不可能巩固。”①

在全面社会主义建设中，党紧紧依靠亿万人民群众自力更生、艰苦奋斗，建立起独立的比较完整的工业体系和国民经济体系，积累了在中国这样一个社会生产力水平十分落后的东方大国进行社会主义建设的重要经验。然而遗憾的是，由于种种原因，党在实际工作中客观上一度违背了党的实事求是思想路线和群众路线，把群众路线和群众运动混同起来，先后出现了反右派斗争扩大化、“大跃进”运动、人民公社化运动，以及长达十年的“文化大革命”，造成了严重后果，留下了深刻的经验教训。

改革开放新时期，党深刻总结历史经验教训，多次重申群众路线，强调要从马克思主义的群众观点出发，来推进中国社会主义建设事业。党的十一届六中全会通过了《中共中央关于建国以来党的若干历史问题的决议》，对群众路线进行了高度的提炼和概括，提出了“一切为了群众，一切依靠群众，从群众中来，到群众中去”的群众路线基本内涵。1982年十二大党章又增加了“把党的正确主张变为群众的自觉行动”的表述。至此，“党的群众路线”这一政治概念已经

① 引自《建国以来重要文献选编》第10册，中央文献出版社1994年版，第488页。

具有完整表述、系统内容、深刻内涵和实践意义，成为毛泽东思想“活的灵魂”。此后，党章对党的群众路线的表述略有增删，而在党的十四大党章中对党的群众路线作了经典表述：“党在自己的工作中实行群众路线，一切为了群众，一切依靠群众，从群众中来，到群众中去，把党的正确主张变为群众的自觉行动。”这一经典表述，一直沿用到党的十五大至十八大的党章中，成为党关于群众路线的准确、完整、规范、权威的表述。

在改革开放和社会主义现代化建设实践中，党的群众路线内涵不断丰富。党的领导人提出了许多闪烁党的群众路线思想光辉而又脍炙人口的论断。

邓小平提出“三个有利于”的标准，强调把人民拥护不拥护、赞成不赞成、高兴不高兴、答应不答应作为制定各项方针政策的出发点和归宿。

江泽民提出“三个代表”的科学论断，把代表最广大人民的根本利益、立党为公、执政为民作为“三个代表”的本质，强调实现好、维护好、发展好人民利益。

胡锦涛提出“以人为本”的科学发展观，强调发展为了人民、发展依靠人民、发展成果由人民共享。坚持人民主体地位，强调群众利益无小事，坚持权为民所用、情为民所系、利为民所谋，把实现好、维护好、发展好最广大人民根本利益作为一切工作的根本出发点和落脚点。要问政于民、问需于民、问计于民，植根人民，造福人民。

党的十八大以来，习近平将实现中华民族伟大复兴概括为中国梦，提出中国梦的基本内涵是国家富强、民族振兴、人民幸福，强调中国梦归根结底是人民的梦，人民对美好生活的向往就是我们的奋斗目标。要接地气、通下情，为群众办实事办好事。党的十八届三中全会提出，人民是改革的主体，要坚持党的群众路线，建立社会参与机制，充分发挥人民群众的积极性、主动性、创造性。

回顾党的群众路线形成发展的过程，可以看出，党的群众路线是在我们党领导新民主主义革命过程中提出和逐步成熟的，是在探索中国社会主义建设道路过程中丰富和发展的，是在改革开放和社会主义现代化建设过程中不断完善的。

7.2　坚持党的群众路线的重要性和紧迫性

“党在自己的工作中实行群众路线，一切为了群众，一切依靠群众，从群众中来，到群众中去，把党的正确主张变为群众的自觉行动。”

——《中国共产党章程》。

党的群众路线内涵丰富，既包含党的一切工作的出发点和归宿，也指明了党的一切工作的力量来源；既明确规定了党对群众工作的主要领导途径，也明确了党的群众工作的基本方式方法。党的群众路线的本质是正确处理党和群众的关系。党的群众路线正确反映了党和群众的关系，坚持党的群众路线具有极端重要性。

从党的性质和宗旨看，中国共产党是中国工人阶级的先锋队，同时是中国人民和中华民族的先锋队，是中国特色社会主义事业的领导核心，代表中国先进生产力的发展要求，代表中国先进文化的前进方向，代表中国最广大人民的根本利益。党坚持全心全意为人民服务。党除了工人阶级和最广大人民群众的利益，没有自己特殊的利益。党在任何时候都把人民群众利益放在第一位，坚持一切为了人民群众，一切依靠群众，同人民保持最密切的联系，坚持权为民所用、情为民所系、利为民所谋，不允许任何党员脱离群众，凌驾于群众之上。

从马克思主义的理论逻辑看，坚持群众路线是唯物史观的具体体现。唯物史观告诉我们，人民群众是社会实践的主体、认识真理的主体、政治权力的主体、价值评判的主体。人民群众是历史的创造者，是创造人类历史的社会实践主体，人民群众的社会实践活动是推动人类历史前进的根本动力。人民群众是在实践中认识真理、发现真理、检验真理、并运用真理分析和解决社会实践问题的。人民群众的利益需求是最大的社会需求，最广大人民群众是社会利益的主体；

人民群众是公共权力的所有者，是执政党社会公共权力的授权者。人民群众是价值评判的主体，人民群众的社会实践，人民群众的认同度和满意度，是检验党的一切工作的根本标准。坚持党的群众路线，坚持一切为了人民群众，一切依靠群众，就是在党的实际工作中贯彻唯物史观。

从历史发展看，马克思主义政党的根基在人民，血脉在人民，力量在人民。密切联系群众是党的三大作风之一，是马克思主义政党区别于其他政党的显著标志，也是马克思主义政党的力量所在和生命所系。中国共产党的最大政治优势是密切联系群众，党执政后的最大危险是脱离群众。党风问题、党同人民群众联系问题是关系党生死存亡的问题，群众路线是党的生命线和根本工作路线。实践证明，党的群众路线是党的生命线。在党的历史上，在历史发展的每一阶段，党都特别强调群众路线；党在每一个历史时期历史使命的完成，都有赖于群众路线这一克敌制胜的法宝。每当严重脱离群众、主观主义占上风时，我们的事业就会徘徊不前，甚至遭受严重挫折；而当在坚持群众路线、比较注重实事求是、党群关系密切的时期，我们的事业就会健康发展。什么时候群众路线坚持得好，党群关系就密切，党的事业就会顺利推进；反之，党群关系就会受到损害，党的事业就会遭受挫折。因此，无论过去、现在和将来，坚持党的群众路线，密切联系群众都是我们党从胜利不断走向胜利的力量源泉。

从党领导的中国特色社会主义伟大事业看，坚持群众路线是中国特色社会主义的主要内容。一切为了人民，是坚持和发展中国特色社会主义的内在要求。建设中国特色社会主义是全国各族人民实现自己利益、创造美好生活的共同事业，是亿万人民群众广泛参与的创造性事业。人民是历史活动的主体，是实践和认识的主体，也就理所当然地是价值的主体。人民是价值的创造者，更应该是价值的享有者。人民群众作为坚持和发展中国特色社会主义的根本力量，是中国特色社会主义事业的创造者、管理者，更应该成为中国特色社会主义发展成果的享有者。这是中国特色社会主义发展的内在逻辑。人民群众的积极性、主动性、创造性的充分发挥是我们事业成功的根本保证。中国特色社会主义，只有得到人民群众的真心支持和拥护才能取得成功；党和国家各项方针政策和工作部署，只有得到人民群众的真心支持和拥护才能切实贯彻执行。中国特色社会主义只有始终以人民群众为根本价值取向和根本目的，才能不断获得向前发展的动力。

从党面临的现实挑战看，脱离群众是党执政后的最大危险，坚持党的群众路线具有紧迫性。从理论上讲，马克思主义政党是在人民群众充分信任下执政的，而且执政以后，党联系群众的面更宽了，各方面的条件更好了，党群关系理应更加密切。但事实表明，党在改革开放和长期执政条件下，脱离群众的危险比执政前大大增加了，并将始终贯穿党执政的全过程。当前，党员干部贯彻落实党的群众路线总体是好的，在联系服务人民群众方面做了大量富有成效的工作，但也存在着不符合为民务实清廉要求的问题。这些问题，严重损害党在人民群众中的形象，严重损害党群、干群关系，必须认真加以解决。

马克思主义的理论逻辑和社会主义发展的历史逻辑都告诉我们，马克思主义政党脱离群众必将造成极其严重的后果。

脱离群众就会影响党的先进性。因为群众是社会主义实践活动的主体，脱离群众必然脱离实际，如果党脱离实际，党的理论创新就会丧失生机活力源泉，党的路线方针政策就会因为缺乏科学理论的指导而不能反映客观事物发展规律，党就会从根本上失去党的先进性。

脱离群众会影响人民群众对党的支持。马克思主义政党是工人阶级的先锋队，同时是中国人民和中华民族的先锋队。但是，先锋队如果脱离群众，就会变成孤军奋进的"空军司令"。人民群众对党的认同就是民心所向，脱离群众必然失去民心，导致党领导的事业失去人民群众的支持而遭受失败。对于马克思主义执政党来说，脱离群众必然丧失执政地位，导致人亡政息、亡党亡国。世界上的一些大党老党相继丧失执政地位的严峻事实启示我们，任何时候都不能脱离群众，密切联系群众是马克思主义政党的最大政治优势，马克思主义政党执政后的最大危险是脱离群众，群众路线永远是马克思主义政党的"生命线"。

对于马克思主义执政党来说，优势和危险总是相伴而生，相互转化。在新的历史征程上，我们要以优良作风把人民紧紧凝聚在一起，与人民心心相印、同甘共苦、团结奋斗，为实现中国梦汇聚起不可阻挡的中国力量。要深刻认识群众路线的极端重要性，以密切联系群众的最大优势来化解脱离群众的最大危险，化危险为优势，使我们的优势更优，彰显中国共产党人治国理政的大智慧。

如何才能化解危险、保持优势？这就需要我们牢固树立群众观点，增进同人民群众的感情；尽心维护群众利益，始终站稳群众立场；深入贯彻群众路线，做到问政于民、问需于民、问计于民；运用群众喜闻乐见的形式和手段，做好新形势下党的群众工作，增强密切党群关系的时代感和实效性；要建立健全制度机制，提高密切联系群众的制度化规范化水平。

7.3　做好新形势下党的群众工作

中国的发展取得了举世瞩目的成就，也面临着极为复杂的国际国内环境。如何在多变的世界格局中，继续坚持改革开放，坚持和发展中国特色社会主义，实现“两个一百年”的奋斗目标，实现中华民族伟大复兴的中国梦，这是中国共产党在新的历史起点上承担的历史使命。我们正在新的历史征程中。中共中央总书记习近平在2013年7月考察河北时说了这样一段话：当年党中央离开西柏坡时，毛泽东同志说是“进京赶考”。60多年过去了，我们取得了巨大进步，中国人民站起来了，富起来了，但我们面临的挑战和问题依然严峻复杂。应该说，党面临的“赶考”远未结束。“考试”仍在继续，所有领导干部和全体党员要继续把人民对我们党的“考试”、把我们党正在经受和将要经受各种考验的“考试”考好，努力交出优异的答卷。在新的历史起点上要顺利通过“考试”，需要广大党员干部做好新形势下的群众工作。

夺取全国胜利，这只是万里长征走完了第一步。如果这一步也值得骄傲，那是比较渺小的，更

值得骄傲的还在后头。在过了几十年之后来看中国人民民主革命的胜利，就会使人们感觉那好像只是一出长剧的一个短小的序幕。剧是必须从序幕开始的，但序幕还不是高潮。中国的革命是伟大的，但革命以后的路程更长，工作更伟大，更艰苦。这一点现在就必须向党内讲明白，务必使同志们继续地保持谦虚、谨慎、不骄、不躁的作风，务必使同志们继续地保持艰苦奋斗的作风。

——《毛泽东选集》第 4 卷，人民出版社 1991 年版，第 1438~1439 页。

做好新形势下党的群众工作，需要我们清醒地认识到党所面临的国内外各种挑战和问题的严峻性、复杂性。

在国际上，中国经济实力的快速增长以及对外开放的程度和范围日益广泛，已经引起国际社会的广泛关注，其中既有客观冷静观察思考的友好人士，也有种种不友好不和谐的声音。一些国家中的右翼势力，极其担心中国的崛起会削弱西方对世界的控制力，从而采取各种措施，试图抑制、破坏中国的发展，影响中国的稳定。政治体制改革问题、意识形态问题、西藏问题、新疆问题、人权问题、军费问题、钓鱼岛问题、南海问题等，都是这些反华势力常用的借口。特别是近年来，美国提出“重返亚洲”的战略，将中国周边国家作为其遏制中国的马前卒，利用中国与周边国家的领土、领海等方面的问题，挑起中国与周边国家如菲律宾、越南、马来西亚等之间的矛盾，企图束缚中国快速发展的手脚。在这种情况下，更需要凝聚全国各族人民的力量，不惹事，不怕事，专心致志地做好我们自己的事，坚持中国道路，坚定不移地为实现伟大的中国梦而共同团结奋斗。

在国内，中国经济经历了 30 多年的快速发展之后，也面临着很多问题。工业化发展带来的环境和资源问题，城镇化进程中出现的种种问题，社会结构深刻变动情况下出现的不同社会利益主体之间的利益冲突和协调问题，人们思想意识的多元多样多变问题，新媒体条件下负面新闻的放大效应问题，党员干部中存在的不正之风问题，党内存在的消极腐败问题，等等。在这种情况下，如何密切联系群众？如何增进干部群众之间的信任和社会共识？如何更好地解决广大群众生产生活中的实际问题？党员干部如何发挥先锋模范带头作用、更好地带领群众为实现其自身利益而奋斗？回答和解决这些问题，都需要中国共产党在新的历史条件下密切党和群众的血肉联系，坚持和贯彻党的群众路线，做好新形势下的群众工作。

做好新形势下党的群众工作，需要我们坚持群众路线的基本原则，权为民所用，情为民所系，利为民所谋，坚持以人为本、执政为民的理念，坚持“两个务必”，牢固树立马克思主义的群众观点、自觉贯彻党的群众路线，始终保持党同人民群众的血肉联系，在做群众工作基本思路、基本经验的基础上，使党的群众工作融入新时代的新鲜元素和新的内容，更好地贴近群众。

我们正处在信息技术高速发展的时代，群众工作不可能脱离这一时代背景。网络的普及使得信息传播的速度、范围都远远超出以往任何时代。任何人在任何时间，只要身边有电脑会上网，就能够了解外面的世界所发生的一切。同时也可以通过网络时代的各种新媒体表达自己的意见和观点。显然，信息技术的发展，使得普通百姓参与社会事务的可能性大为提高，尤其是互联网的普及，普通百姓可以极为方便地参与对国家社会各类事务的讨论，发表意见。这种网络民意，甚至在一定程度一定范围内能够影响某一社会事件的走向。面对网络时代对党的群众工作提出的新挑战，我们既要承继长期以来群众工作的优良传统，吸取过去群众工作中的经验教训，也要大胆创新群众工作的方式方法，引领新形势新时代的发展。

习近平曾明确地指出：“要适应新形势下群众工作新特点新要求，深入做好组织群众、宣传群众、教育群众、服务群众工作，虚心向群众学习，诚心接受群众监督，始终植根人民、造福人民，始终保持党同人民群众的血肉联系，始终与人民心连心、同呼吸、共命运。要从人民伟大实践中汲取智慧和力量，办好顺民意、解民忧、惠民生的实事，纠正损害群众利益的行为。”①

做好新形势下的群众工作，要注重吸纳各种新的科学理念，亲近群众。群众工作要贴近群众、符合群众的需求，群众工作者的思想理念是内在的关键因素。一是要坚持以人为本的理念。中国共产党的执政目标就是“为民”。离开了“人”空谈群众工作，都是形式主义，本质上是反对群众路线的。坚持以人为本的理念就是要坚持用人民满意不满意来衡量党的各项工作，并不断促进党的各项决策更加科学化、人性化。坚持以人为本的理念，还需要牢固树立为人民服务的意识，主动放下架子，深入群众，做群众的贴心人。二是要树立终生学习的理念。当今世界是一个知识爆炸的时代，知识更新层出不穷。网络的普及使得人们接触的知识范围普遍较过去要宽广得多。要做好群众工作，必须跟上时代步伐，了解新知识、新技术，才能融入到人民群众中去。这就要求党员干部树立终生学习的理念，跟随时代需求，更新自己的知识结构，扩展知识面，提升自身素质，以适应人民群众的需要。三是要树立依法办事和以德服人的意识。我们要建设的是法治国家、法治政府、法治社会，任何人、任何组织在法律面前都是平等的。中国共产党不仅不能立于法律之外，而且要带头遵守法律规定，尊重法律，维护法律尊严。党员干部也必须带头依法办事。除此之外，党员干部还需要加强自身道德修养，提高道德素质，树立良好的道德形象，为社会道德发展起到积极的道德示范作用。

做好新形势下的群众工作，要积极运用各种新的技术手段，深入群众。信息时代，人与人之间的交流方式变得多样化，尤其是各种新媒体诸如微博、微信以及各种即时交流工具的诞生，使得人人都可以成为一份独特的信息传播源。因此，要做好群众工作，就需要主动地使用各种技术手段，有效利用开展群众工作所需要的组织载体、物质载体和沟通载体，整合各方资源，形成党的群众工作的合力。只有充分利

① 习近平：《在十八届中共中央政治局第一次集体学习时的讲话》，摘自中央党的群众路线教育实践活动领导小组办公室编《党的群众路线教育实践活动学习文件选编》，党建读物出版社 2013 年版，第 37 页。

用各类新媒体、熟练掌握各种新媒体使用技术、构建各类新媒体交流平台，党才能更透彻地了解群众的思想状态，掌握群众的真实需求，从而真正深入群众，做到“到群众中去”。

做好新形势下的群众工作，还要完善机制设计。既继承党的群众工作的优良传统机制，又根据时代特征，进行机制体制的创新，使群众工作制度化、规范化、常态化。一是继承党的密切联系群众的机制。中国共产党在革命、建设和改革过程中，摸索出了一整套行之有效的联系群众的机制体制。诸如领导干部下基层蹲点调研、驻点工作等方式，都是行之有效的工作机制，也取得了很好的效果。二是发展符合新时代要求的工作机制，诸如民主决策机制、矛盾化解工作机制以及干部考核评价机制。这些机制是党在多年的群众工作中总结经验，根据各个时期不同的历史任务而设计的。在今天社会利益主体多元化、社会思想多样化、社会行为多变化的时代，这些机制需要融入更多、更新的内容，才能适应时代需求，并促进群众工作的发展。

7.4　深入开展党的群众路线教育实践活动

7.4.1　进一步密切党群关系、干群关系

由于党的群众路线是党的根本政治路线、根本组织路线和根本工作路线，坚持群众路线是贯彻唯物史观的具体体现，是党的性质和根本宗旨的必然要求，是继承和发扬党的优良传统作风的内在要求，是中国特色社会主义的主要内容，由于密切联系群众是我们党从胜利不断走向胜利的最大政治优势，脱离群众是党执政后面临的最大危险，由于目前党内存在着的脱离群众的不正之风和损害群众利益的消极腐败现象，严重损害了党的形象和党群关系，不利于凝聚中国力量，所以，党的十八大强调要以改革创新精神全面推进党的建设新的伟大工程，全面提高党的建设科学化水平。围绕这个主题，十八大提出了加强和改进党的建设的总体要求，部署了 8 个方面的重点任务。而落实好这些战略部署，应着重抓 4 个方面的工作，其中首要的就是必须进一步密切党群、干群关系，围绕保持党的先进性和纯洁性，在全党深入

开展以为民务实清廉为主要内容的党的群众路线教育实践活动。

国际国内经验反复表明，一个政党，一个政权，其前途和命运最终取决于人心向背。如果不能代表最广大人民的根本利益，不能赢得最广大人民的拥护和支持，无论叫什么名称、喊什么口号，迟早都会垮台。中国共产党之所以能够取得革命建设、改革事业的成功，靠的是始终保持同人民群众的血肉联系、代表最广大人民的根本利益。党如果脱离群众、失去人民的拥护和支持，最终也会走向失败。我们一定要把始终保持党同人民群众的血肉联系放在更加重要的位置，坚持把以人为本、执政为民作为检验党一切执政活动的最高标准，任何时候都要把人民利益放在第一位；围绕保持党的先进性和纯洁性，在全党深入开展以为民务实清廉为主要内容的党的群众路线教育实践活动，始终与人民心连心、同呼吸、共命运，始终依靠人民推动历史前进。

> 我们的党是全心全意为人民服务的政党。党领导人民已经取得举世瞩目的成就，我们完全有理由因此而自豪，但我们自豪而不自满，决不会躺在过去的功劳簿上。新形势下，我们党面临着许多严峻挑战，党内存在着许多亟待解决的问题。尤其是一些党员干部中发生的贪污腐败、脱离群众、形式主义、官僚主义等问题，必须下大气力解决。全党必须警醒起来。打铁还需自身硬。我们的责任，就是同全党同志一道，坚持党要管党、从严治党，切实解决自身存在的突出问题，切实改进工作作风，密切联系群众，使我们党始终成为中国特色社会主义事业的坚强领导核心。
>
> ——习近平在十八届中共中央政治局常委同中外记者见面时的讲话(2012 年 11 月 15 日)

围绕保持党的先进性和纯洁性，在全党深入开展以为民务实清廉为主要内容的党的群众路线教育实践活动，这是新形势下坚持党要管党、从严治党的重大决策，是顺应群众期盼、加强学习型服务型创新型马克思主义执政党建设的重大部署，是推进中国特色社会主义伟大事业的重大举措。党的十八大以后，以习近平为总书记的党中央部署和开展了党的群众路线教育实践活动。

7.4.2　“八项规定”的制定和实行

进一步密切党群、干群关系，必须选择人民群众最为关心、党内最为突出的问题作为突破口。

2012 年 12 月 4 日，中共中央政治局会议审议通过了《关于改进工作作风、密切联系群众的八项规定》，简称“八项规定”。

相关链接

“八项规定”的内容

一、中央政治局全体同志要改进调查研究，到基层调研要深入了解真实情况，总结经验、研究问题、解决困难、指导工作，向群众学习、向实践学习，多同群众座谈，多同干部谈心，多商量讨论，多解剖典型。

二、要精简会议活动，切实改进会风，严格控制以中央名义召开的各类全国性会议和举行的重大活动，不开泛泛部署工作和提要求的会，未经中央批准一律不出席各类剪彩、奠基活动和庆祝会、纪念会、表彰会、博览会、研讨会及各类论坛；提高会议实效，开短会、讲短话，力戒空话、套话。

三、要精简文件简报，切实改进文风，没有实质内容、可发可不发的文件、简报一律不发。

四、要规范出访活动，从外交工作大局需要出发合理安排出访活动，严格控制出访随行人员，严格按照规定乘坐交通工具，一般不安排中资机构、华侨华人、留学生代表等到机场迎送。

五、要改进警卫工作，坚持有利于联系群众的原则，减少交通管制，一般情况下不得封路、不清场闭馆。

六、要改进新闻报道，中央政治局同志出席会议和活动应根据工作需要、新闻价值、社会效果决定是否报道，进一步压缩报道的数量、字数、时长。

七、要严格文稿发表，除中央统一安排外，个人不公开出版著作、讲话单行本，不发贺信、贺电，不题词、题字。

八、要厉行勤俭节约，严格遵守廉洁从政有关规定，严格执行住房、车辆配备等有关工作和生活待遇的规定。

以习近平同志为总书记的新一届中央领导集体制定并带头落实关于改进工作作风、密切联系群众的“八项规定”，让全国广大党员干部深受触动，赢得各界群众热烈回应。群众普遍反映，中央出台“八项规定”、纠正“四风”等一系列举措，彰显了我们党密切联系群众、坚决整治沉疴顽疾的决心，体现了实干兴邦的态度和魄力、求真务实的作风和形象，是新一届中央领导集体对人民群众的庄重承诺，是从严治党的有效措施，是聚党心、得民心之举，必将最大限度地凝聚广大人民群众的智慧和力量，为民族复兴之路增添助力。

为及时掌握各地区贯彻落实中央“八项规定”精神情况，2013年8月，中央纪委建立了落实中央“八项规定”精神情况月报制度，要求31个省(区、市)和新疆生产建设兵团纪委每月报送有关数据，主要包括中央“八项规定”实施以来及当月，本地区纠正和查处的违反中央“八项规定”精神问题总数及处理人数、每月查结的典型案例。

2013年11月，中央纪委首次向社会公布各地汇总数据，此后每月定期公布，有力促进了“八项规定”的落实。

“八项规定”的制定和实施，有力地推动了党风政风的改进，同时为开展党的群众路线教育实践活动作了思想动员、工作准备和行动示范。

全国查处违反中央“八项规定”精神问题汇总表

（截至 2014 年 3 月 31 日）

内容	项目	总计	级别				类型								
			省部级	地厅级	县处级	乡科级	楼堂馆所违规问题	公款大吃大喝	违规配备使用公务用车	公款旅游（国内）	公款出国境旅游	大操大办婚丧喜庆	收送节礼	违反工作纪律	其他
2014 年 3 月份	查处问题数	3275	0	14	141	3120	20	51	430	45	4	158	33	1926	608
	处理人数	4599	0	25	173	4401	36	90	475	84	6	193	37	2836	842
	给予党政纪处分人数	1134	0	13	66	1055	12	51	168	27	3	122	27	520	204
“八项规定”实施以来	查处问题数	33209	1	151	1800	31257	170	1241	7567	746	118	1835	299	10313	10920
	处理人数	42666	1	163	2097	40405	216	1437	7687	1029	189	2259	390	14438	15021
	给予党政纪处分人数	10470	1	64	726	9679	103	501	1540	432	90	1157	255	2565	3827
备注	“其他”包括：接受或用公款参与高消费娱乐和健身活动、庸懒散等。														

中央纪委监察部网站 制作

7.4.3　党的群众路线教育实践活动的开展

2013 年 4 月 19 日，中共中央政治局召开会议，决定围绕保持党的先进性和纯洁性，在全党深入开展以为民务实清廉为主要内容的党的群众路线教育实践活动，着力解决人民群众反映强烈的突出问题，提高做好新形势下群众工作的能力。活动要求，进一步突出作风建设，坚决反对形式主义、官僚主义、享乐主义和奢靡之风；以县处级以上领导机关、领导班子和领导干部为重点；以贯彻落实中央“八项规定”为切入点；按照“照镜子、正衣冠、洗洗澡、治治病”的总要求，自上而下分批开展。

2013 年 5 月 9 日颁布的《中共中央关于在全党深入开展党的群众路线教育实践活动的意见》，对这次活动的开展进行了全面部署。习近平总书记在党的群众路线教育实践活动工作会议上的讲话，从贯彻党的十八大精神、坚持和发展中国特色社会主义的高度，从实现党的执政使命、奋斗目标的高度，深刻论述了开展教育实践活动的现实必要性和紧迫性，精辟阐述了教育实践活动的指导思想、目标要求和重点任务，是全党深入开展教育实践活动的纲领性文件。目前，党的群众路线教育实践活动正在全党深入展开。

开展党的群众路线教育实践活动的指导思想和总体部署是：高举中国特色社会主义伟大旗帜，坚持以马克思列宁主义、毛泽东思想、邓小平理论、“三个代表”重要思想、科学发展观为指导，紧紧围绕保持党的先进性和纯洁性，以为民务实清廉为主要内容，以县处级以上领导机关、领导班子和领导干部为重点，切实加强全体党员马克思主义群众观点教育，把贯彻落实中央“八项规定”作为切入点，进一步突出作风建设，坚决反对形式主义、官僚主义、享乐主义和奢靡之风，着力解决人民群众反映强烈的突出问题，提高做好新形势下群众工作的能力，保持党同人民群众的血肉联系，发挥党密切联系群众的优势，为推动经济持续健康发展、全面建成小康社会、实现中华民族伟大复兴的中国梦提供坚强保证。

为民务实清廉是党的群众路线教育实践活动的主要内

容。它包括以下方面：

——为民，就是要坚持人民创造历史、人民是真正英雄，坚持以人为本、人民至上，坚持立党为公、执政为民，坚持一切为了群众、一切依靠群众，从群众中来、到群众中去。

——务实，就是要求真务实、真抓实干，发扬理论联系实际之风；坚持问政于民、问需于民、问计于民，发扬密切联系群众之风；谦虚谨慎、戒骄戒躁，厉行勤俭节约、反对铺张浪费，发扬艰苦奋斗之风。

——清廉，就是要自觉遵守党章，严格执行廉政准则，主动接受监督，自觉净化朋友圈、社交圈，带头约束自己的行为，增强反腐倡廉和拒腐防变自觉性，严格规范权力行使，把权力关进制度的笼子，坚决反对一切消极腐败现象，做到干部清正、政府清廉、政治清明。

党的群众路线教育实践活动的重点，是着力解决突出存在的“四风”问题。一是坚决反对形式主义，教育引导党员、干部端正学风，改进文风会风，在大是大非面前敢于担当、敢于坚持原则，真正把心思用在干事业上，把精力落实到察实情、出实招、办实事、求实效上；二是坚决反对官僚主义，教育引导党员、干部深入实际、深入基层、深入群众，接地气、通下情，坚持民主集中制，改进调查研究，虚心向群众学习，真心对群众负责，热心为群众服务，诚心接受群众监督；三是坚决反对享乐主义，教育引导党员、干部牢记“两个务必”，克己奉公，勤政廉政，保持昂扬向上、奋发有为的精神状态；四是坚决反对奢靡之风，教育引导党员、干部坚守节约光荣、浪费可耻的思想观念，狠刹挥霍享乐和骄奢淫逸的不良风气，做到艰苦朴素、精打细算，勤俭办一切事情。

主要内容	重　点	切入点
为民务实清廉	县处级以上领导机关、领导班子和领导干部	贯彻落实中央“八项规定”

续表

突　出	反　对	总要求
作风建设	形式主义、官僚主义、享乐主义和奢靡之风	照镜子、正衣冠、洗洗澡、治治病

党的群众路线教育实践活动全过程，要贯穿“照镜子、正衣冠、洗洗澡、治治病”的总要求。主要是学习和对照党章，对照廉政准则，对照改进作风要求，对照群众期盼，对照先进典型，查找宗旨意识、工作作风、廉洁自律方面的差距；按照为民务实清廉要求，严明党的纪律特别是政治纪律，敢于触及思想，正视矛盾和问题，从自己做起，从现在改起，端正行为，维护良好形象；以整风精神开展批评和自我批评，深入分析出现形式主义、官僚主义、享乐主义和奢靡之风的原因，坚持自我净化、自我完善、自我革新、自我提高，既要解决实际问题，更要解决思想问题；坚持惩前毖后、治病救人的方针，区别情况、对症下药，对作风方面存在问题的党员、干部进行教育提醒，对问题严重的进行查处，对与民争利、损害群众利益的不正之风和突出问题进行专项治理。

<table>
<tr><td rowspan="3">总体安排</td><td rowspan="3">从 2013 年下半年开始，用一年左右时间，在全党自上而下分批开展党的群众路线教育实践活动。中央政治局带头开展党的群众路线教育实践活动</td><td>环节 1</td><td>学习教育、听取意见</td></tr>
<tr><td>环节 2</td><td>查摆问题、开展批评</td></tr>
<tr><td>环节 3</td><td>整改落实、建章立制</td></tr>
</table>

深入开展党的群众路线教育实践活动，是中国共产党准确把握国内外新形势，妥善应对考验、化解风险，坚持党要管党、从严治党，进一步加强党的执政能力建设、先进性和纯洁性建设，加强学习型服务型创新型马克思主义执政党建设，推进中国特色社会主义伟大事业的重大决策、举措和部

署，对于顺应群众期盼，进一步密切党同人民群众的血肉联系，促进党员干部求真务实、清正廉洁，具有极其重要的作用，对于教育引导党员干部牢固树立宗旨意识和马克思主义群众观点，切实改进工作作风，赢得人民群众信任和拥护，夯实党的执政基础，巩固党的执政地位，具有十分重大而深远的意义。

2013 年 7 月 11 日，习近平总书记考察西柏坡。他对当地干部群众说，西柏坡我来过多次，每次都怀着崇敬之心来，带着许多思考走。对于我们共产党人来说，中国革命历史是最好的营养剂。多学习多重温，心中会增添许多正能量。习近平在西柏坡纪念馆内的一块展板前久久驻足，上面写着："根据毛泽东的提议，全会作出六条规定：一、不做寿；二、不送礼；三、少敬酒；四、少拍掌；五、不以人名作地名；六、不要把中国同志同马恩列斯平列。"面对中国共产党人在"进京赶考"前定下的规矩，习近平一一对照着说："不做寿，这条做到了；不送礼，这个还有问题，所以反'四风'要解决这个问题；少敬酒，现在公款吃喝得到遏制，关键是要坚持下去；少拍掌，我们也提倡；不以人名命名地名，这一条坚持下来了；第六条，我们党对此有清醒的认识……"他表示："从实现'两个一百年'目标到实现中华民族伟大复兴的中国梦，我们正在征程中。'考试'仍在继续，所有领导干部和全体党员要继续把人民对我们党的'考试'、把我们党正在经受和将要经受各种考验的'考试'考好，努力交出优异的答卷。"①

根据《中共中央关于在全党深入开展党的群众路线教育实践活动的意见》，第一批教育实践活动深入扎实开展，取得重要阶段性成果。到 2013 年年底，第一批教育实践活动处于收尾阶段。面对群众期盼和社会评价高度聚焦，习近平总书记指出：要确保整改成效让群众看得见、感受得到、大多数人满意，确保形成的制度行得通、指导力强、能长期管用，确保整个活动善始善终、善作善成，必须继续努力，一

① 参见《习近平：党面临的"赶考"远未结束——再访西柏坡侧记》，《人民日报》2013 年 7 月 14 日。

鼓作气抓好各项收尾工作。他强调，解决形式主义、官僚主义、享乐主义和奢靡之风问题，做到为民务实清廉，既要立足当前又要着眼长远，既要着力治标又要注重治本。对提出的目标，要分清轻重缓急，从实际出发进行细化和量化，然后按计划、有步骤、分阶段加以实施，使措施和目标配套，把目标要求落到实处。长效机制一定要起作用，思想不能疲、劲头不能松、措施不能软。全国第一批教育实践活动的实践说明，群众路线是党的生命线，教育和实践必须一以贯之、紧密结合。教育和实践是贯彻群众路线的两手，要两手抓、两手都要硬，使党的群众路线在全体党员、干部中深深扎根，使践行党的根本宗旨成为党员、干部的普遍自觉，使各项事业推进有更加深厚的群众基础。

2014 年年初，第二批教育实践活动已经开展，习近平总书记要求各级党组织借鉴第一批活动经验，从实际情况和特点出发，搞好舆论引导，制定好活动方案，明确好政策原则，认真扎实做好各项准备工作。习近平对做好第二批教育实践活动准备工作提出了明确要求。他指出，第二批教育实践活动范围片大面广，涉及的矛盾和问题具体尖锐，务必对确保活动健康发展进行系统设计。要更加注重发挥群众积极性，坚持开门搞活动，确保全过程都发动群众参与、置于群众监督之下。要更加强化问题导向，注重解决实际问题，特别是对需要侧重解决的问题进行调查梳理，提前做到心中有数，从解决具体问题抓起改起。要更加注重严格要求，坚持标准，确保质量，防止降格以求。要更加注重衔接带动，推动第一批活动制定的整改措施和制度规定传导落实到“末梢神经”。要更加注重分类指导，针对不同层级、不同领域、不同对象提出不同目标要求，注重发挥行业系统指导作用，对可能发生的种种复杂情况进行分析预判，并制定出预防和解决对策。

2014 年 1 月 20 日，中央召开党的群众路线教育实践活动第一批总结暨第二批部署电视电话会议。会议的主要内容是学习贯彻《中共中央关于在全党深入开展党的群众路线教育实践活动的意见》和习近平总书记系列重要讲话精神，对第一批教育实践活动进行总结，对第二批教育实践活动进行部署。习近平总书记出席会议并作重要讲话。他充分肯定了第一批党的群众路线教育实践活动取得的成绩，深刻阐述了开展第二批党的群众路线教育实践活动的重要性和紧迫性，进一步明确了今后工作的方针、原则、目标和要求，充分体现了保持党的纯洁性和先进性的高度自觉。

会议要求，各地各部门要深入学习领会、全面贯彻落实，切实把思想和行动统一到讲话精神上来。会议要求，注意研究把握第二批活动单位的特点，认真做好准备工作；深入调查研究，广泛听取意见，抓紧制定各类实施方案，做到贴近基层，切合实际，实施方案要突出学习教育，着力增强广大党员干部的理想信念、宗旨意识和群众观点；要突出问题导向，坚持聚焦“四风”，下大力气解决发生在群众身边的不良作风问题，增强直接服务群众的本领，提高服务水平，确保服务到位，努力把活动成效落实到最基层；要突出领导示范，充分发挥领导机关、领导干部的模范带头作用，要统筹第一批活动和第二批活动的关系，注意前后衔接，上下联动，做到上级指导带动下级，下级监督评判上级。

会后，中共中央办公厅印发了《关于开展第二批党的群众路线教育实践活动的指导意见》，并发出通知，要求各地区各部门结合实际认真贯彻执行。

第二批教育实践活动从 2014 年 1 月开始，在省以下各级机关及其直属单位和基层组织开展。参加单位主要是：市、县机关及其直属单位和企事业单位，乡镇、街道和村、社区，非公有制经济组织、社会组织和其他基层组织，未参加第一批教育实践活动的高等学校、省属国有企业以及部分中央和国家机关、中管金融企业、中央企业的下属单位和分支机构。

第二批教育实践活动涉及的单位和人员范围广、领域宽、数量大，与群众联系更直接、更紧密，涉及的矛盾和问题具体复杂，群众期望值高，任务更加艰巨。搞好第二批教育实践活动，对于巩固第一批教育实践活动成果，确保教育实践活动不断取得实效、取信于民，以作风建设的新成效夯实党执政的群众基础，把全面深化改革各项任务落到实处，推动经济社会持续健康发展，具有十分重要的意义。

相关链接

中共中央办公厅《关于开展第二批党的群众路线教育实践活动的指导意见》的部分内容

一、把握总体要求

开展第二批教育实践活动，要以党的十八大和十八届三中全会精神为指导，认真贯彻《意见》确定的指导思想、目标要求和方法步骤，认真贯彻习近平总书记系列讲话精神，坚持"照镜子、正衣冠、洗洗澡、治治病"的总要求，以为民务实清廉为主题，落实中央八项规定精神和《党政机关厉行节约反对浪费条例》等规定，与第一批教育实践活动紧密衔接、上下联动，突出作风建设，贯彻整风精神，坚决反对形式主义、官僚主义、享乐主义和奢靡之风，着力解决人民群众反映强烈的突出问题，提高做好新形势下群众工作的能力，使党员、干部思想认识进一步提高、作风进一步转变，党群干群关系进一步密切，为民务实清廉形象进一步树立，基层基础进一步夯实。

坚持以市、县领导机关、领导班子和领导干部为重点，突出抓好直接联系服务群众的执法监管部门和窗口单位、服务行业的教育实践活动，注重抓好乡镇、街道和村、社区等与群众联系密切的基层组织的教育实践活动，切实加强广大党员、干部马克思主义群众观点和党的群众路线教育。

充分借鉴运用第一批教育实践活动成果和经验，主题不变、镜头不换，发扬认真精神，坚持正面教育为主，坚持开展批评和自我批评，坚持讲求实效，更加注重领导带头、层层示范，更加注重聚焦"四风"、解决问题，更加注重敞开大门、群众参与，更加注重分类指导、有序推进，更加注重上下协力、衔接带动，更加注重严格要求、真督实导，确保教育实践活动不虚不空不偏，不走过场。

二、明确重点任务

第二批教育实践活动的主要任务是抓住反对"四风"

这个重点不放，集中解决市、县领导机关、领导班子和领导干部“四风”方面存在的突出问题，对作风之弊、行为之垢来一次大排查、大检修、大扫除。同时，回应群众关切，维护群众利益，注重解决实际问题，解决群众身边的不正之风，把改进作风的要求真正落实到基层，真正让群众受益。

着力解决“四风”突出问题。市、县领导班子和领导干部重点解决政绩观不正确，不敢担当，搞“形象工程”、“政绩工程”，换一任领导、变一套思路，有令不行、有禁不止，“上有政策、下有对策”等问题。市、县直属单位重点解决庸懒散拖、推诿扯皮，工作不落实、服务不主动等问题。执法监管部门和窗口单位、服务行业重点解决门难进、脸难看、事难办，乱收费、乱罚款、乱摊派，滥用职权、吃拿卡要、执法不公等问题。乡镇、街道领导班子和领导干部重点解决不关心群众冷暖，责任心不强，落实惠民政策缩水走样，工作方式简单粗暴，弄虚作假等问题。村、社区等基层组织主要解决软弱无力，服务群众意识和能力不强，办事不公等问题。省以下各级机关及其直属单位和基层组织都要注重解决组织涣散、纪律松弛的问题。

着力解决关系群众切身利益的问题。坚持为民利民便民，本着尽力而为、量力而行原则，切实落实各项民生政策，解决群众在教育、就业、社会保障、医疗、住房等方面的基本需求问题，解决生态环境、食品药品安全、安全生产、社会治安、执法司法、征地拆迁等方面损害群众利益的问题，解决困难群众的生产生活问题，解决与民争利的问题。畅通群众诉求表达渠道，加强与群众真诚沟通，做好矛盾纠纷排查化解工作，让群众办事更加便利、得到更多实惠，增强安全感、提高满意度，切身感受到社会公平正义。

着力解决联系服务群众“最后一公里”问题。以加强基层服务型党组织建设为抓手，扩大党的组织覆盖和工作覆盖，建设守信念、讲奉献、有本领、重品行的基层党组织书记队伍，组织带领广大党员、干部为群众提供更多更好服务。加强和改进乡镇、街道和村、社区便民服务工作，提升服务群众的功能和水平。健全服务保障体系，建立稳定的基层组织运转和基本公共服务经费保障制度，推动人、财、物向基层倾斜，充分调动服务群众的积极性，保证群众话有地方说、事有地方办，困难有人帮、问题有人管。

三、抓好各个环节工作

坚持问题导向，坚持教育实践并重，坚持边学边查边改，把学习教育贯穿始终，把整改落实贯穿始终，使教育实践活动各个环节工作有效衔接、相互贯通。

(一)学习教育、听取意见

结合实际抓学习教育。采取多种形式，组织党员、干部认真学习党的十八届三中全会精神和习近平总书记系列讲话精神，学习《意见》规定的学习内容，学习党的光辉历史和优良传统，开展理想信念、党性党风党纪和道德品行教育，开展马克思主义群众观点和党的群众路线专题学习讨论，向群众学习，拜群众为师，使党的群众路线在全体党员、干部中深深扎根，使践行党的根本宗旨成为党员、干部的普遍自觉。市、县机关及其直属单位和企事业单位，乡镇、街道要组织集中学习、专题讨论。其他基层党组织要运用灵活多样、务实管用的方式，抓好基层党员、干部的学习教育工作。

直接到群众中去听意见。把“面对面”与“背靠背”结合起来，把“个别听”与“集体谈”结合起来，把“走进群众听”与“组织群众评”结合起来，广泛听取意见，特别要听取工作对象和服务对象的意见。重视来信来访等送上门的意见，注意运用第一批教育实践活动听取意见的成果，统筹做好征求意见工作，防止相互征求意见搞“公文旅行”、“函来函往”，防止“一窝蜂”下基层、重复征求意见。

(二)查摆问题、开展批评

找准找实突出问题。坚持为民务实清廉要求，学习和对照党章，对照廉政准则，对照改进作风要求，对照群众期盼，对照先进典型，采取群众提、自己找、上级点、互相帮、集体议等方式，查找“四风”问题具体表现，注重从关系群众切身利益的问题中查找“四风”问题。各级机关和企事业单位要对照《党政机关厉行节约反对浪费条例》以及有关规定进行检查，乡镇、村还要对照《农村基层干部廉洁履行职责若干规定(试行)》进行检查。

认真撰写对照检查材料。市、县机关及其直属单位和企事业单位领导班子、班子成员，乡镇、街道领导班子、班子成员要撰写对照检查材料。对照检查材料要逐项列出“四风”问题的具体表现、典型事例，对“三公”经费支出、职务消费、人情消费、公务用车、办公用房和住房、家属子女从业等情况要作出说明；从理想信念、宗旨意识、党性修养、政治纪律等方面剖析根源；明确努力方向和整改措施。主要负责同志要主持起草领导班子对照检查材料，并在一定范围内征求意见。班子成员要自己动手撰写个人对照检查材料。上级党组织、党委(党组)负责同志要严格审核把关。其他基层组织是否撰写对照检查材料，可区别情况提出要求。

开好专题民主生活会和组织生活会。市、县机关及其直属单位和企事业单位领导班子，乡镇、街道领导班子要召开专题民主生活会。会前，要普遍开展谈心交心；会上，要开展严肃认真的批评和自我批评，既揭短亮丑、动真碰硬，又实事求是、出以公心，不发泄私愤，不搞无原则纠纷；会后，要在一定范围内通报民主生活会情况。其他基层党组织要开好组织生活会，开展民主评议党员工作，针对存在问题提出改进措施和办法；村、社区党组织要进行对照检查。上级机关党员领导干部要参加下级单位领导班子的专题民主生活会，党员领导干部要以普通党员身份参加所在党支部的组织生活会。

(三)整改落实、建章立制

上下联动抓整改。围绕群众反映强烈的突出问题，一开始就改起来，从具体事抓起、从身边事做起、从群众最不满意的事改起，即知即改，立行立改。市、县机关及其直属单位和企事业单位领导班子，乡镇、街道领导班子要认真制定整改方案，明确任务书、时间表和责任人；领导班子成员要制定个人整改措施。村、社区和非公有制经济组织、社会组织及其他基层组织可列出问题清单，明确整改措施。实行开门整改，向群众作出整改承诺，及时公布整改情况，请群众评价和监督。

整改工作只有进行时，没有完成时。第一批教育实践活动单位要发扬钉钉子精神，思想不松、力度不减，继续深入抓好整改，以落实到基层的整改成效检验活动成果；把第二批教育实践活动单位整改的问题与需要上级帮助解决的问题衔接起来，以上带下、以下促上，动真碰硬、攻坚克难，持续用劲、步步为营，确保整改成效让群众看得见、感受得到、大多数人满意。

狠抓专项整治不放松。不折不扣地落实中央确定的专项整治任务，对文山会海、检查评比泛滥，行政审批改革不到位，门难进、脸难看、事难办，违反财经纪律，公款送礼、公款吃喝、奢侈浪费，超标配备公车、多占办公用房、新建滥建楼堂馆所，党政机关、事业单位人员超编和超职数配备，“三公”经费开支过大，侵害群众利益行为等问题，下猛药、出重拳，一项一项整治。同时，各地区各部门各单位要结合履行职能职责和作风建设实际，确定专项整治重点，尤其要把整治侵害群众利益行为作为重中之重，不达目的不罢休。

把正风肃纪一抓到底。坚持严的标准、严的措施、严的纪律，坚决查处发生在群众身边的不正之风和腐败问题，坚决整治特权病、冷漠病、懒散病、享乐病、挥霍病。对有问题不整改、大问题小整改、边整改边再犯的，要严肃批评教育，必要时采取组织措施和纪律措施。加强领导班子建设，严格教育管理干部，对软、懒、散的领导班子进行整顿；对存在一般性作风问题的干部，立足于教育提高，促其改进；对群众意见大、不认真查摆问题、没有明显改进的干部，要进行组织调整；对在活动中发现的重大违纪违法问题，要及时移交纪检监察机关或有关方面严肃查处。加强基层党组织建设和党员教育管理，对软弱涣散的基层党组织，进行集中整顿；对长期不起作用甚至起负面作用的党员，进行严肃教育，对不合格的要严肃党纪、给予组织处理。

健全和落实制度规定。按照于法周延、于事简便的原则，围绕解决“四风”方面突出问题，建立健全行得通、指导力强、能长期管用的制度规定，推动改进作风常态化长效化。注意把第一批教育实践活动中中央和各地区各部门出台的制度和办法，在第二批教育实践活动中承接好、贯彻好，防止简单照搬照抄、重复建设。强化制度执行，提高党员、干部依法按制度办事意识，加强对执行制度情况的督促检查，坚决纠正有令不行、有禁不止、无视制度的问题。

四、强化分级分类指导（略）

五、加强组织领导（略）

——摘自中共中央办公厅印发的《关于开展第二批党的群众路线教育实践活动的指导意见》，参见新华网 2014 年 1 月 23 日。

在中央的统一部署下，第二批教育实践活动全面展开。

根据中央统一安排，中央政治局常委在第二批教育实践活动中分别联系一个县，习近平总书记联系河南省兰考县。2014 年 3 月 17 日至 18 日，习近平在河南省兰考县调研指导党的群众路线教育实践活动。

习近平在考察中动情地说，5 年前我到兰考参观了焦裕禄同志事迹展，今天来再次深受感动，引起心灵的共鸣。焦裕禄同志是县委书记的榜样，也是全党的榜样，他虽然离开我们 50 年了，但他的事迹永远为人们传颂，他的精神同井冈山精神、延安精神、雷锋精神等革命传统和伟大精神一样，过去是、现在是、将来仍然是我们党的宝贵精神财富，我们要永远向他学习。

习近平指出，焦裕禄同志在兰考工作只有一年多，但在群众心中铸就了一座永恒的丰碑。大家来这里学习，要深入思考这样一个问题：焦裕禄同志给我们留下了那么多，我们能为后人留下些什么？

习近平指出了党的作风建设的目的，强调作风问题本质上是党性问题。抓作风建设，就要返璞归真、固本培元，重点突出坚定理想信念、践行根本宗旨、加强道德修养。结合党的作风建设，习近平提出了“三严三实”的要求。

“三严三实”

严以修身　严以用权　严以律己
谋事要实　创业要实　做人要实

习近平指出，党员干部要做到以下四点：一是正确认识和处理人际关系，做到既有人情味又按原则办，特别是当个人感情同党性原则、私人关系同人民利益相抵触时，必须毫不犹豫地站稳党性立场，坚定不移地维护人民利益。二是下决心减少应酬，保持健康的工作方式和生活方式，多学习充电、消化政策，多下基层调查研究、掌握第一手情况，多系统思考和解决存在的突出问题，自觉远离那些庸俗的东西。三是实实在在做人做事，做到严以修身、严以用权、严以律己，谋事要实、创业要实、做人要实，堂堂正正、光明磊落，敢于担当责任，勇于直面矛盾，善于解决问题，不搞“假大空”。四是对一切腐蚀诱惑保持高度警惕，慎独慎初慎微，做到防微杜渐。

《念奴娇·追思焦裕禄》

（1990 年 7 月 15 日）

习近平

魂飞万里，盼归来，此水此山此地。百姓谁不爱好官？把泪焦桐成雨。生也沙丘，死也沙丘，父老生死系。暮雪朝霜，毋改英雄意气！

依然月明如昔，思君夜夜，肝胆长如洗。路漫漫其修远矣，两袖清风来去。为官一任，造福一方，遂了平生意。绿我涓滴，会它千顷澄碧。

2014年5月，中央党的群众路线教育实践活动领导小组印发《关于在教育实践活动中学习弘扬焦裕禄精神、践行“三严三实”要求的通知》(以下简称《通知》)，要求各级党委(党组)认真落实习近平总书记讲话精神，推动党员干部大力学习弘扬焦裕禄精神、自觉践行“三严三实”要求，确保教育实践活动取得实效。

《通知》指出，学习弘扬焦裕禄精神、践行“三严三实”要求，与解决“四风”突出问题是有机统一的整体，是开展教育实践活动的重要内容、有力抓手和实践载体。各级党委(党组)要充分认识在新的历史条件下学习弘扬焦裕禄精神、践行“三严三实”要求，对于深入开展教育实践活动，加强和改进作风建设，巩固党的执政基础和执政地位的重大意义，切实把思想和行动统一到中央要求上来。要通过中心组学习等方式，认真学习领会习近平总书记有关重要论述，组织观看电影《焦裕禄》，引导党员干部大力学习弘扬焦裕禄精神，自觉践行“三严三实”要求，着力解决“四风”突出问题。

《通知》强调，要把学习弘扬焦裕禄精神践行“三严三实”要求贯穿第二批教育实践活动全过程。在学习教育、听取意见中，各级领导班子和领导干部要密切联系焦裕禄精神和“三严三实”要求，分专题开展集中学习研讨，走进基层面对面听取群众意见，在深化认识中触动思想灵魂。基层党组织要采取灵活多样方式开展学习讨论。

在查摆问题、开展批评中，要以焦裕禄等先辈先进为镜，紧紧围绕“三严三实”要求，对照检查思想境界、素质能力和作风形象等方面存在的不足，找准“四风”方面的突出问题，认真开展批评和自我批评。在整改落实、建章立制中，要坚持思想上严起来、整改上严起来、正风肃纪上严起来，既立足当前，从自身改起、从现在改起、从具体事改起，立说立行、即知即改；又着眼长远，建立健全相关制度，持之以恒抓好执行，推动学习弘扬焦裕禄精神、践行“三严三实”要求长效化。

《通知》指出，以学习弘扬焦裕禄精神、践行“三严三实”要求为载体，深化第一批教育实践活动整改工作。要按照学习弘扬焦裕禄精神、践行“三严三实”要求，进一步查找思想上、作风上的差距，查找整改工作中的问题和不足，从严从实推进深化整改。对已经整改的事项，要跟踪问效、持续用力，不断巩固扩大整改成果，防止“反弹”、“回潮”；对正在整改的事项，要坚持高标准严要求，扎实推进落实，防止降格以求；对尚未整改的事项，要加大力度，明确时间表、任务书、责任人，防止不推不动、束之高阁。要推动整改措施和规章制度在基层落地生根。第一批活动单位对第二批活动中发现的问题要主动认领，自己改、积极改、联动改。

《通知》强调，领导干部要带头学习弘扬焦裕禄精神、践行“三严三实”要求，示范推动教育实践活动。各级领导班子和领导干部要把焦裕禄作为立身立行立言立德的标杆和榜样，带头学深悟透、深查细照、笃行实改。要查修身严不严，看是否做到加强党性修养，坚定理想信念，提升道德境界，追求高尚情操，自觉远离低级趣味，自觉抵制歪风邪气；查用权严不严，看是否做到坚持用权为民，按规则、按制度行使权力，把权力关进制度的笼子里，任何时候都不搞特权、不以权谋私；查律己严不严，看是否做到心存敬畏、手握戒尺，慎独慎微、勤于自省，遵守党纪国法，为政清廉。要查谋事实不实，看是否做到从实际出发谋划事业和工作，使点子、政策、方案符合实际情况、符合客观规律、符合科学精神，不好高骛远，不脱离实际；查创业实不实，看是否做到脚踏实地、真抓实干，敢于担当责任，勇于直面矛盾，善于解决问题，努力创造经得起实践、人民、历史检验的实绩；查做人实不实，看是否做到对党、对组织、对人民、对同志忠诚老实，做老实人、说老实话、干老实事，襟怀坦白，公道正派，带头做焦裕禄式的好党员、好干部。

《通知》强调，要以焦裕禄精神和“三严三实”要求，组织推进教育实践活动。坚持高标准、严要求，严格按照标准部署落实活动，严格按照规定程序步步推进，严格按照标准进行督促检查，使每个环节、每项工作都符合中央要求。要做到务实求实，把活动同促进改革发展结合起来，在转变作风中为群众办实事办好事。要见事也要见人，防止用兴办实事来代替解决作风问题的倾向，防止只注重解决作风问题而忽视提高群众工作能力的倾向。要面对面严督实导，多到一线掌握情况，多到群众中去听意见，不达标准不交账、不出成效不过关，确保教育实践活动不虚不空不偏，不走过场。

在中央的统一部署下，第二批教育实践活动正在扎实推进，努力取得人民群众满意的实效，人民群众对此充满期待。

第 8 章　坚决惩治和有效预防腐败

8.1　反腐败是一场严重的政治斗争

腐败作为一种依附于权力而存在的历史现象，不是从来就有的，也不会永远存在下去。它是人类社会在一定发展阶段上的产物，本质上属于剥削制度和剥削阶级，阻碍着人类文明的进步。与之对应，反腐倡廉是一个历史性的难题，也是一个世界性的难题。纵观古今中外，因腐败导致“人亡政息”的悲剧不断上演，不同朝代、国家和政党都试图寻找出有效治理腐败的途径，但腐败依然是久禁不绝的历史痼疾和世界公害。党的十八大指出：“反对腐败、建设廉洁政治，是党一贯坚持的鲜明政治立场，是人民关注的重大政治问题。这个问题解决不好，就会对党造成致命伤害，甚至亡党亡国。”能否跳出历史周期律，实现干部清正、政府清廉、政治清明，成为党亟待解决的重大问题。

腐败现象严重背离党的性质、宗旨。正确认识腐败现象的危害与反腐败斗争的性质，关系到对这场斗争采取什么样的态度、方针和政策以及是否能够取得最终胜利的问题。

腐败的实质就是权力的滥用，滥用委托的公共权力谋取私人利益。“贪污腐败是社会稳定、发展与进步的阻碍因素。它们破坏社会政治体制的正常运转和国家政策的实施，扰乱社会秩序和资源的合理分配，破坏社会公平和正义的原则，侵蚀社会道德和人们的精神世界。”①

腐败会动摇社会主义经济基础，破坏公平竞争的市场经济基本规则。扰乱正常的社会经济生活，阻碍社会生产力的进步，影响社会经济建设的发展。

腐败会损害党的形象，影响党在人民群众中的威信，破

① 江泽民：《江泽民论有中国特色社会主义》(专题摘编)，中央文献出版社 2002 年版，第 426~427 页。

坏党和群众之间的血肉关系，削弱和破坏党执政的合法基础，严重侵蚀党的先进性和纯洁性。

腐败分子利用公共权力破坏社会竞争的基本规则，并通过侵吞公共资源来获取竞争的优势，损害了社会的基本公平正义。特别是当腐败成为一种普遍的社会现象时，就会导致社会阶层的固化，即阶层之间的流动受到严重阻碍，危害社会主义和谐社会的构建，阻滞全面建成小康社会的历史进程。

腐败会严重影响人们的精神健康，严重败坏社会风气，影响某些党员或群众的人生观和价值观，污染社会环境。它导致整个社会道德水平的滑坡，造成思想意识的混乱。

反腐倡廉是中国共产党一贯的政治立场，是一项重大的政治任务。改革开放以来，党中央对反腐倡廉有过许多明确的论述。早在中央纪委向党的十二大所作的报告中，就正式载入"执政党的党风问题是有关党的生死存亡的问题"。党的十五大明确提出："反对腐败是关系党和国家生死存亡的严重政治斗争"。进入新世纪后，党中央对社会主义初级阶段反腐败斗争的长期性、复杂性和艰巨性的认识更加深刻，思路更加明确。党的十六大指出，"坚决反对和防止腐败，是全党一项重大的政治任务"。在庆祝中国共产党成立 90 周年大会上的讲话中，胡锦涛强调："90 年来党的发展历程告诉我们，坚决惩治和有效预防腐败，关系人心向背和党的生死存亡，是党必须始终抓好的重大政治任务。"党的十八大指出："反对腐败、建设廉洁政治，是党一贯坚持的鲜明政治立场，是人民关注的重大政治问题。"

党的十八大以来，党中央对推进党风廉政建设和反腐败斗争旗帜鲜明、态度坚定、领导有力。中央纪委和各级纪检监察机关始终同以习近平同志为总书记的党中央保持高度一致，认真学习贯彻党的十八大精神，聚焦党风廉政建设和反腐败斗争。深入落实中央八项规定精神，一个时间节点一个时间节点地抓，坚决纠正"四风"。严厉惩治腐败，坚持"老虎"、"苍蝇"一起打。加强和改进巡视工作，发现问题，形成震慑。加强理想信念教育，增强宗旨意识，使领导干部"不想腐"；加强体制机制创新和制度建设，强化监督管理，严肃纪律，使领导干部“不能腐”；坚持有腐必惩、有贪必肃，使领导干部“不敢腐”。在党中央坚强领导下，党风廉政建设和反腐败斗争取得新进展，增强了全党全社会对党风廉政建设和反腐败斗争的信心。

反腐倡廉作为重大的政治任务，是由党的性质和宗旨决定的。中国共产党是马克思主义指导下的无产阶级政党。全心全意为人民服务是党的根本宗旨和价值追求。党的最终目标是要消灭阶级、消灭剥削，实现共产主义。腐败是剥削制度的产物和遗毒，因此，铲除腐败是共产主义事业的题中应有之义，包含在共产党人的价值追求之中。中国共产党的性质和宗旨，决定了党同各种消极腐败现象是水火不相容的。坚持反腐倡廉，坚决同消极腐败现象作斗争，是党同一切剥削阶级政党的本质区别之一。

反腐倡廉之所以成为重大的政治任务，是因为它关系人心向背和党的生死存亡。中国共产党为执政党，手中的权力是人民赋予的。人民群众的拥护和支持，是党执政最牢固的政治基础和最深厚的力量源泉。离开人民群众的拥护和支持，党的执政地位就会成为无源之水、无本之木。得民心者得天下，失民心者失天下，这是为人类社会发展所反复证明了的真理。党能否始终保持同人民群众的血肉联系，是对党的执政地位最根本的考验。中国历史上一个个封建王朝覆灭，世界历史上一个个不可一世的帝国崩溃，当今世界上一些长期执政的老党大党下台，都同人心向背有着很大的关系。马克思主义政党夺取政权不容易，为人民执掌好政权尤其是长期执掌好政权更不容易。腐败现象侵害人民群众的根本利益，危害党执政的政治基础。

历史和现实表明，任何政党、政治集团执政以后，都面临着失去政权的危险。在和平建设时期，这种危险主要来自执政党内部的腐败。一个政党，如果不坚决惩治和有效预防腐败，就会丧失执政地位、最终走向自我毁灭。

经典摘编

我们要反对腐败，搞廉洁政治。不是搞一天两天、一月两月，整个改革开放过程中都要反对腐败。我们前进的步伐会更稳健，更扎实，更快。我很相信这一点。

——邓小平：《我们有信心把中国的事情做得更好》，1989年9月16日。

腐败现象是侵入党和国家机关健康肌体的病毒。如果我们掉以轻心，任其泛滥，就会葬送我们的党，葬送我们的人民政权，葬送我们的社会主义现代化大业。

——江泽民：《推动党风廉政建设和反腐败斗争的深入开展》，2000年12月26日。

在和平建设时期，如果说有什么东西能够对党造成致命伤害的话，腐败就是很突出的一个。

——胡锦涛在第十七届中央纪委第二次全体会议上的讲话，2008年1月15日。

大量事实告诉我们，腐败问题越演越烈，最终必然会亡党亡国。

——习近平在主持十八届中央政治局第一次集体学习时的讲话，2012年11月19日。

应该说，党在这个问题上的认识是清醒的，态度也是坚决的，并始终把反腐倡廉作为关系党和国家生死存亡的大事来抓，得到了广大党员、干部和人民群众的衷心拥护。

反腐倡廉作为重大的政治任务，是世情、国情、党情的深刻变化对党的建设提出的新要求。党面临着“四大考验”和“四个危险”，落实党要管党、从严治党的任务比以往任何时候都更为繁重、更为紧迫。当前反腐倡廉的发展态势，可用“三个并存”、“两个依然”来概括，这就是：成效明显和问题突出并存，防治力度加大和腐败现象易发多发并存，群众对反腐败期望值不断上升和腐败现象短期内难以根治并存，反腐败斗争形势依然严峻、任务依然艰巨。因此，我们决不能掉以轻心，必须警钟长鸣、常抓不懈。

8.2　把反腐倡廉建设放在更加突出的位置

正确认识反腐败斗争的总体特性，是一个重大的政治问题，是深入开展党风廉政建设和反腐败工作的基础和前提。反腐败斗争具有长期性、复杂性和艰巨性，其原因是多方面的，由于我国还处在社会主义初级阶段，又处于计划经济体制向市场经济体制转变的时期，生产力发展水平、科技文化水平还不高，法制和各方面的具体制度还不完善，再加上我国历史上几千年封建社会的残余思想仍然存在，对外开放也容易使国外资本主义的腐朽思想和生活方式乘隙而入，而西方敌对势力又一直在加紧对我国实施“西化”、“分化”的政治战略，千方百计拉拢腐蚀我们内部一些意志薄弱的干部，等等。这些因素的存在，使腐败现象还有滋生蔓延的土壤和条件，而且加大了中国共产党反腐败斗争的难度，必然使得反腐倡廉建设是一个具有长期性、复杂性和艰巨性的历史过程。

社会主义制度作为区别于历史上任何剥削制度的崭新社会制度，是同任何腐败现象格格不入的，这从根本上为实现廉洁政治创造了先决条件。但要看到的是，由于受历史和现实等因素的影响和制约，腐败现象滋生蔓延的土壤和条件在短时期内难以消除。这就决定了在相当长的一个时期内，反腐败斗争仍将是有利条件与不利因素并存、成效明显与问题突出并存的复杂局面。

首先，消除封建主义和资本主义等腐朽思想的影响，是一个持久的过程。中国是曾经有过两千多年封建社会历史的国家，特权思想、等级观念、裙带关系等封建主义残余思想的影响在当今社会依然存在，并往往以“官本位”、特殊化、家长制、关系网和人情风等形式表现出来。在改革开放的过程中，中国在借鉴和利用世界各国包括发达资本主义国家的一切现代文明成果的同时，也容易使资本主义的腐朽思想和生活方式乘隙而入。封建主义思想残余、资本主义腐朽思想和生活方式的侵蚀，成为现阶段贪污腐化、行贿受贿等腐败问题滋生的主要思想根源。

其次，中国社会转型中新旧体制的转换，也是一个长期的过程。现阶段中国的反腐败斗争，是在深化改革、扩大开放、转换经济体制、进行社会变革等诸多矛盾交织的条件下开展的，滋生腐败的各种因素很多。在这种背景下，由于社会主义市场经济体制初步建立，同时一些领域的体制机制和制度尚未完善，客观上存在着腐败现象滋生的空间和漏洞。

从世界各国的发展历程看，当一个国家或地区处于全面转型的变革阶段，通常是腐败现象的高发期。西方发达资本主义国家实现社会转型一般经历了上百年或更长的时间，在它们的发展过程中，都出现过腐败非常严重甚至猖獗的情况。中国实行改革开放至今 30 多年，社会主义民主政治正在建设之中，形成完善的法治环境和有效的监督机制尚需一个过程。社会主义精神文明正在不断加强之中，抵制封建主义残余、资本主义腐朽思想和生活方式的侵蚀，也需要一个过程。事实表明，有效防治腐败现象的滋生蔓延，关键是要尽快完善社会主义市场经济体制，加速新旧体系转换，但要完成这项系统工作需要一个长时期的过程。这些情况决定反腐败斗争具有长期性，必须树立长期作战的思想准备，把反腐败贯穿于改革开放和现代化建设的全过程。

反腐败斗争面临着错综复杂的国际国内环境。开展反腐败斗争不仅是一项业务性很强的工作，而且更是一场严肃的政治斗争。当前的反腐败斗争具有复杂性，主要在于它是在纷繁复杂的国内外环境中进行的。

从国际环境看，国际环境持续发生深刻复杂的变化。当今世界正处在大发展大变革大调整时期。世界多极化、经济全球化深入发展，科技进步日新月异，国际金融危机影响深入，世界经济格局发生新变化，国际力量对比出现新态势，全球思想文化交流交融交锋呈现新特点，综合国力竞争和各种力量的较量更趋激烈。这些对党开展反腐败斗争既带来了机遇，又提出了挑战。与此同时，社会主义与资本主义在意识形态领域的斗争从未终止，渗透与反渗透、颠覆与反颠覆将长期存在。特别是以美国为首的西方敌对势力在社会主义国家实施“和平演变”和“颜色革命”的政治图谋在一些国家得逞后，正在加紧利用各种手段，千方百计对中国进行意识形态渗透，妄图实现“西化”、“分化”的图谋。它们以腐败问题作为攻击中国共产党和政府的借口，称腐败“是共产党和社会主义制度带来的”，断言“共产党解决不了自身的腐败问题”，鼓吹解决腐败问题唯有实行西方的政治制度。这种舆论动摇了一些干部和群众对社会主义制度和党的领导的信心，导致一些人反对的目标不是腐败，而是党的领导、社会主义制度和人民政权。这就充分说明，反腐败实质就是一场复杂的政治斗争。在这个大是大非的问题上，每个党员、干部都要保持清醒的头脑，坚决抵制敌对势力的污蔑和攻击。

从国内环境看，当前中国的改革开放正进入关键时期。党所处的历史方位和党员干部队伍已经发生重大变化。历经革命、建设和改革，党已从领导人民为夺取全国政权而奋斗的党，成为领导人民掌握全国政权并长期执政的党；已从受到外部封锁和实行计划经济条件下领导国家建设的党，成为对外开放和发展社会主义市场经济条件下领导国家建设的党。在长期执政、改革开放和发展社会主义市场经济条件下，如何管理好一个拥有 8668 多万名党员、430 多万个基层组织的大党，是一项繁重而艰巨的任务。这对新形势下反腐倡廉工作提出了新的更高要求。特别是面对当前中国社会“经济体制深刻变革、社会结构深刻变动、利益格局深刻调整、思想观念深刻变化”的全面转型，反腐败环境更为复杂严峻。

面对国际国内复杂的环境，我们必须时刻保持清醒的头脑，准确认识，科学把握反腐败斗争的历史方位，才能有的放矢，采取切实有效的措施，不断取得这场斗争的新胜利。

反腐败工作任重而道远。当前，中国的反腐败和廉政建设已经取得明显成效，呈现出系统治理、整体推进的良好态势。在党中央的正确领导下，通过坚持不懈地开展党风廉政建设和反腐败斗争，有力地保证了党和国家工作的顺利进行，维护了改革发展大局；捍卫了党纪国法的尊严，维护了社会公平正义；纯洁了党的组织和队伍，增强了党的创造力、凝聚力、战斗力；密切了党同人民群众的血肉联系，巩固了党的执政基础。据国家统计局民意调查显示，人民群众对反腐败工作成效满意度的比例 2003 年为 51.9%，2010 年达到 70.6%；人民群众认为消极腐败现象得到不同程度遏制的比例 2003 年为 68.1%，2010 年达到 83.8%。不少国际人士对我国反腐败成效给予积极评价，认为中国的反腐败成绩是“足以同在中国这样一个世界上人口最多的国家解决温饱问题、极大地消除贫困相提并论的一个巨大贡献”。国际透明组织发布的清廉指数显示：1995 年我国清廉指数为 2.16，2011 年达到 3.675，在样本排名中位列 75 位，居于印度、俄罗斯等大国之前。①

党的十八大以来，党风廉政建设和反腐败斗争力度继续加大，成效显著。

相关链接

据《检察日报》2013 年 12 月 10 日报道，2013 年 12 月 3 日，透明国际发布了 2013 年的“清廉指数”排行榜。在 177 个国家和地区中，我国的评分达到 40 分，排在第 80 位。这是“清廉指数”自 1995 年发布以来，我国的评分第一次达到“4”这个量级。显然中国在 2011 年、2012 年、2013 年连续三年在透明国际“清廉指数”上一直呈稳步提高趋势。

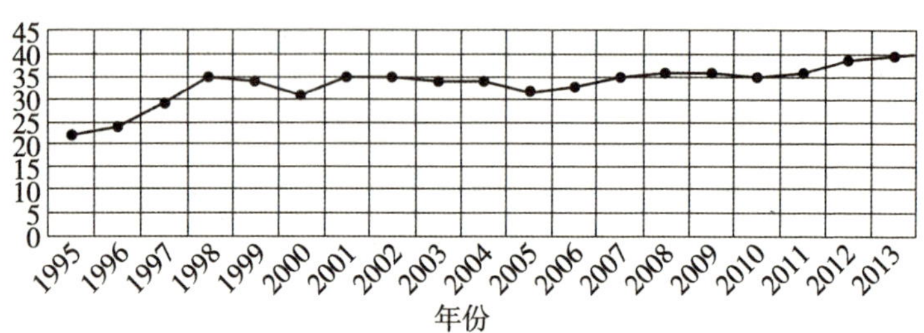

1995—2013 年中国清廉指数变化图

——数据来源：郑阳．透明国际制图。

与此同时，我们也应当清醒地看到，当前消极腐败现象仍然比较严重，党风廉政建设和反腐败斗争面临着不少新情

① 转引自侯长安：《保持走中国特色反腐倡廉道路的自信与自觉》，《红旗文稿》2012 年第 23 期。

况和新问题。主要体现为：腐败行为在一些领域仍然易发多发，如权力集中部门和岗位、资金密集领域和行业、矿产资源和工程建设领域等；党员领导干部违纪违法现象依然严重，一些领导干部利用职权或职务影响谋取非法利益问题突出，“一把手”腐败问题仍然严重；一些腐败案件涉案金额巨大，社会影响恶劣；一些腐败分子同时具有多种违纪违法行为，集政治上蜕变、经济上贪婪、生活上腐化于一身；窝案、串案、案中案明显增多，有的大案要案涉及几十人甚至上百人，有的一个领导班子中多人被查处；腐败案件类型、性质和作案手段等出现新变化，违纪违法行为日趋复杂化、隐蔽化、智能化，新兴经济领域案件和利用高新技术手段作案有所增加等。此外，一些党员领导干部作风和廉洁自律方面仍然存在不少问题，损害群众利益的突出问题和不正之风仍然比较严重；一些领导干部宗旨意识淡薄、工作作风漂浮，形式主义、官僚主义严重，对群众反映的问题漠不关心，甚至失职渎职，酿成严重后果；一些领导干部作风简单粗暴，在土地征用、城镇拆迁、城市管理等过程中违规操作、粗暴执法，甚至滥用强制手段，引发群体性事件和个人极端事件；一些领导干部贪图安逸，奢侈浪费，享乐主义严重；一些领导干部在廉洁自律方面要求不严，违规收送红包礼金、超标准住房、从事营利性活动等问题屡禁不止，等等。这些新情况新问题，决定了市场经济条件下开展反腐败工作的艰巨性。

相关链接

据《国际在线》报道，2014 年 1 月 10 日，中纪委公布 2013 反腐成绩单，18 万余名违纪干部遭处分，该报道相关内容如下：

2013 年，“反腐”无疑成为中国的政务热词。从新一届领导人上任伊始就打击腐败密集表态，到多位省部级高官落马、一系列意在纠正党员干部不正之风的新规相继出台，中共有案必查、有腐必惩的持续高压态势受到海内外的高度关注。“2013 年，全国各级纪检监察机关共立案 172 532 件，结案 173 186 件，处分 182 038 人。

中央纪委监察部对涉嫌违纪违法的中管干部已结案处理和正在立案检查的有31人，周镇宏、刘铁男、倪发科等8人涉嫌犯罪已被移送司法机关依法处理；目前正在立案调查的还有蒋洁敏、李东生、李崇禧、李春城、郭永祥、季建业、廖少华、陈柏槐等案件。”

2013年，中国政坛落马高官数量之多，频率之高，被舆论称为“反腐力度30年来最大”。

中纪委在2013年采取很多具体措施专门加大审查违纪违法党员领导干部的力度。例如在中纪委网站首页设立信访举报专区，对反映属于副部级以上干部问题的线索进行全面清理、制定并细化一系列相应措施。

8.3 全面推进惩治和预防腐败体系建设

8.3.1 惩治和预防腐败体系建设目标的提出

所谓体系，指的是一定范围内或特定的事物按照一定秩序和内部联系组合起来的整体。所谓惩治和预防腐败体系，就是整合和优化惩治与预防腐败的资源、手段、途径等构成的反腐败有机整体。建立健全惩治和预防腐败体系这个重大命题的提出，是党在深刻领会古今中外反腐败实践经验的基础上，对当代中国“什么是反腐倡廉，为什么反腐倡廉，怎么样反腐倡廉”进行深入思考的结果，深刻反映了党对新形势下大力推进反腐倡廉建设科学化进程的认识达到新高度和新境界。

在总结以往反腐败经验的基础上，党的十六届三中全会提出建立健全与社会主义市场经济体制相适应的惩治和预防腐败体系的目标。党的十六届四中全会从加强党的执政能力建设的高度，提出“坚持标本兼治、综合治理、惩防并举、注重预防”的方针，抓紧建立健全惩治和预防腐败体系。党的十六届五中、六中和七中全会对建立惩治和预防腐败体系提出了明确要求。党的十七大提出要以完善惩治和预防腐败体系为重点加强反腐倡廉建设，并将其写入党章。2008年5月，党中央颁发《建立健全惩治和预防腐败体系2008—2012

年工作规划》，这是继 2005 年初《建立健全教育、制度、监督并重的惩治和预防腐败体系实施纲要》公布之后，党中央专门下发的第二个惩治和预防腐败体系建设的指导性文件。党的十七届四中全会提出，要切实加快推进惩治和预防腐败体系建设。

党的十八大强调："要全面推进惩治和预防腐败体系建设，做到干部清正、政府清廉、政治清明"。党的十八届三中全会指出："加强反腐败体制机制和制度保障"；"改革党的纪律检查体制，健全反腐败领导体制和工作机制"；"健全反腐倡廉法规制度体系"。

全面推进惩治和预防腐败体系建设，是我们党对执政规律和反腐倡廉工作规律认识的进一步深化，是在发展社会主义市场经济和对外开放条件下深入开展党风廉政建设和反腐败工作的新要求，是从源头上防治腐败的根本举措，对于提高党的执政能力、巩固党的执政地位、坚持和发展中国特色社会主义，具有十分重要的意义。

8.3.2　加快推进惩治和预防腐败体系建设应当把握的要点

加快建立健全与社会主义市场经济体制相适应的中国特色惩治和预防腐败体系，是一项系统工程，不可能通过单一方法奏效。鉴于一般腐败行为生成的基本要素及成因，根据长期以来党和政府开展反腐倡廉工作的实践经验，加快推进惩治和预防腐败体系建设，就是要建立健全廉洁教育长效机制和权力运行监控机制，并以科学严密完备管用的反腐倡廉制度体系作为其有效运行的载体和保证。这是当前亟待推进的要点。

第一，建立理想的廉洁教育长效机制。思想是行动的先导，正确的思想意识指导健康的行为方式，错误的价值观念引发失范行为。列宁于 1921 年 10 月 17 日在《新经济政策和政治教育委员会的任务》中指出，"政治上有教养的人是不会贪污受贿的"①。在反腐倡廉工作体系中，教育是基础，相

① 《列宁全集》第 42 卷，人民出版社 1986 年版，第 198 页。

对于其他方式方法手段而言，它的效益率更高、持久力更长、渗透性更强。大量的案例表明，腐败分子思想观念上的蜕化变质，既有主观上降低自身政治修养要求的内在原因，又有某些部门或地区反腐倡廉教育和廉政文化建设不到位的外在原因。所谓建立理想的廉洁教育长效机制，其实是强调要努力找到反腐倡廉教育的有效形式，让廉洁的价值理念触及受教育者的灵魂深处而转变为一种自觉行动。

就目前对反腐倡廉教育规律的认识水平看，建立理想的廉洁教育长效机制要聚焦于“两个领域、三个层级”。“两个领域”，是指要做好党内和党外的反腐倡廉教育。“三个层级”，就是指要如同涟漪的水波一样，根据与公权力的亲疏关系，形成由党政干部为发散轴心向全党全社会推展廉政教育和社会主义廉政文化建设的总形势。主要涵盖三个方面：一是以领导干部为重点的反腐倡廉教育；二是要面向全党全社会开展反腐倡廉宣传教育；三是要加强廉政文化建设。

相关链接

廉政文化以崇尚廉洁、鄙弃贪腐为价值取向，融价值理念、行为规范和社会风尚为一体，反映人们对廉洁政治和廉洁社会的总体认识、基本理念和精神追求，是社会主义先进文化的重要组成部分。

廉政文化建设，面向全党全社会，以党政机关和领导干部为重点，以培育廉洁价值理念为根本，以廉政制度和规范为支撑，以群众广泛参与的廉政文化创建活动和丰富多彩的廉政文化产品为载体，在反腐倡廉建设中处于基础性地位。

——中央纪委等：《关于加强廉政文化建设的意见》(2010年3月15日)。

加强廉政文化建设，是贯彻落实科学发展观的必然要求，是建设社会主义核心价值体系的重要内容，是深入推进党风廉政建设和反腐败斗争的战略举措，对于坚定中国特色社会主义共同理想，加强党的执政能力建设、先进性和纯洁性建设，提高党员干部拒腐防变能力，增强全社会反腐倡廉意识，形成廉荣贪耻的思想道德基础和文化氛围，从源头上预防和减少腐败现象发生，具有重要意义。

第二，构建科学的权力运行监督制约机制。权力是一把“双刃剑”，既可以用来为群众谋福祉，也可以用来为掌权者或少数人牟取非法利益，使权力日益与人民相脱离而凌驾于人民之上，成为暴虐的工具。在一般条件下，有权力的人都有滥用权力的潜在可能性，在没有任何限制与监控的情况下，权力更有可能成为各种消极腐败的渊薮。鉴于权力的易腐蚀性和人格的多飘忽性，在针对人的廉政教育之实效性难以恒定的情况下，通过配置、制衡与监督的手段加强对权力的约束，既是反腐倡廉工作的底线，也是搞好廉政建设的关键。相对夺取政权的革命时期，长期执政条件下存在着权力容易腐败的风险。因此，“要加强对权力运行的制约和监督，把权力关进制度的笼子里，形成不敢腐的惩戒机制、不能腐的防范机制、不易腐的保障机制”①，将权力腐败的风险降到最低，保证干部和公职人员做到权为民所用，实现立党为公、执政为民的基本要求。

按照结构合理、配置科学、程序严密、制约有效的原则，建构较高科学化水平的权力运行监控机制，加强对权力的制约与监督，应当包括如下步骤：

一是要对权力进行科学配置，通过对权力范围、性质和主体进行科学选择与有效限制，在权力行使前预防或减少权力腐败的风险。要限制公共权力的范围，特别是要从根本上限制政府过多及不必要的权力，实现全能政府向有限政府的转变；要对权力的类型进行分类甄别，权力配置必须优先考虑非自我增值的权力，限制自由裁量空间；要在权力配置过程中，将权力赋予德才兼备与廉政勤政的人。

二是要对权力进行有效制衡，即通过设置一定约束性手段对权力行使过程进行内在控制与平衡，避免和遏制公共权力主体脱离社会力量。这里的约束性手段包括同一权力的分解、不同权力的相互牵制、权力相对权利的牵制以及权力行

① 习近平：《更加科学有效地防治腐败，坚定不移把反腐倡廉建设引向深入》，《人民日报》2013 年 1 月 23 日。

使程序的牵制等，尤其是在不效仿西方“三权分立”模式下对单项权力进行决策、执行与监督的合理分解，既是必要的，又是可行的。

三是要建立全方位的权力监督体系，对权力进行全面监督。作为跳出“历史周期率”的根本出路，广义上的人民民主监督包括党内民主监督和党外民主监督，在表现形式上形成对权力立体式制约的、由“中国共产党党内监督、人大监督、政府内部监督、政协民主监督、司法监督、公民监督和舆论监督组成的中国特色的监督体系”①。

第三，健全完善的反腐倡廉制度体系。腐败与反腐败斗争的规律表明，制度的完善与否与腐败的风险系数成正比，制度越健全，腐败的风险系数越高；反之，如果制度的漏洞多，则腐败的风险系数低。在反腐倡廉工作体系中，无论怎样强调科学化制度的重要性都不为过，这是对世界各国反腐败斗争成功经验和中国共产党执政以来反腐倡廉经验教训进行深刻总结的科学定论。在科学制度反腐模式下，反腐倡廉是一项以制度体系为核心建构起来的系统工程，其中各项制度不仅成为领导干部廉洁自律、监督制约权力运行、确定公职人员待遇及查办案件与惩治腐败的重要依据，而且还是反腐倡廉教育、权力制约协调、反腐倡廉组织领导、养廉惩贪保障和反腐倡廉国际合作等机制的有效载体，更是反腐倡廉各项工作有效落实的重要保障。

从中华人民共和国成立以来，党和政府制定颁布出大量的反腐倡廉法规制度，反腐倡廉制度建设取得明显成效，但毋庸讳言，无论是反腐败工作实践的结果还是廉政制度建设本身的进程，都表明与建成科学严密完备管用的反腐倡廉制度体系尚有距离。

加强反腐倡廉制度建设，首先是要结合社会主义初级阶段条件下腐败和反腐败的发展态势，遵循反腐倡廉建设内在规律和制度建设的基本原理，有效整合并完善现有法律法规规范，建立健全中国特色的反腐倡廉制度体系。在完善现有

① 国务院新闻办公室：《中国的反腐败和廉政建设》（2010 年 12 月），人民出版社 2011 年版，第 15 页。

法律法规制度的过程中，立足于党内与国家两个层面的反腐倡廉制度子体系之间的和谐。

——增强制度的科学性，既要注重制定宏观政策和制度，又要及时制定出微观操作细则；既要有实体性制度，又要有程序性制度；既要明确规定应该怎么办，又要明确违反规定怎么办，增强制度执行的刚度；既要重视党内法规制度的健全，又要注重与国家法律法规间的协调，使各项制度“行得通、管得住、用得好”。

——提升制度的系统性，加大反腐倡廉法律法规制定力度，特别是那些基础性制度的建设，既要注重单体性制度的内容及制度之间的衔接，又要注意根据腐败和反腐败形势发展而不断加以修正和调整，发挥制度的整体效能。

——提高制度执行力，要营造制度环境，强化制度意识，把制度执行力提升到关系反腐倡廉建设成败的高度上，严查不执行或变通执行甚至规避制度的行为，坚决维护制度的严肃性和权威性。

8.4　坚持中国特色反腐倡廉道路

8.4.1　中国特色反腐倡廉道路的内涵

中国共产党是一个勤于并善于总结历史经验的马克思主义政党。改革开放 30 多年来，从历届中央纪委向党的十二大到十八大所作的工作报告，到党的一些重要历史文献，都有深入总结反腐倡廉工作经验的部分。这些经验总结，既反映出当时历史条件下反腐倡廉基本特点和客观规律，又启迪后来的反腐败工作迈向更高要求，集中体现了中国共产党人对中国特色反腐倡廉建设的艰辛探索历程，并与特定时期党风廉政建设和反腐败斗争的实践发展相适应，逐步形成了中国特色反腐倡廉道路。

党的十八大报告指出：“要坚持中国特色反腐倡廉道路，坚持标本兼治、综合治理、惩防并举、注重预防方针，全面推进惩治和预防腐败体系，做到干部清正、政府清廉、政治清明。”这是对改革开放 30 多年党风廉政建设和反腐败工作实践经验的高度凝练。它立足于当代中国国情，探寻反腐倡廉工作在伟大事业和伟大工程中的科学定位，围绕中国特色反腐倡廉要举什么旗、走什么路、坚持什么方针、依靠什么力量等重大理论和实践问题，着重回答了在新的历史条件下“谁来领导反腐倡廉建设、依靠谁来开展反腐倡廉建设、怎样推进反腐倡廉建设”等根本性问题。反腐倡廉建设道路的基本要求是“走得通，到得了”，要把所有能够发动的反腐倡廉建设力量有效组织起来，经过持续不懈的努力，达到预期的战略目标。

——中国共产党是反腐倡廉建设的领导核心。领导问题，是关系中国特色反腐倡廉建设成败的首要问题。在中国，承担反腐倡廉建设领导的重任历史地落在中国共产党的肩上。这是因为：党是宪法明确规定的唯一执政党。党领导反腐倡廉建设，是由党在国家中的法律地位确定的，是其他任何政治力量不可取代的；党是以马克思主义科学理论武装起来的、以全心全意服务人民为宗旨的先进政党，与腐败现象根本不相容。尽管在党内存在不少腐败问题，但在整体上，党是坚决反对腐败、为广大人民谋利益的政党；党对执政条件下必须抓好反腐倡廉工作的认识始终是十分清醒的，态度是一以贯之的，取得的成效也是显著的。实践证明，由中国共产党领导反腐倡廉建设，是反腐败斗争胜利的关键。离开党的领导，不可能有效解决腐败问题。坚持党的领导，既有利于确立正确的反腐倡廉指导思想、基本原则、领导体制和工作机制，做出符合中国国情的反腐倡廉战略决策和工作部署；也有利于有效动员和组织全党全社会的力量反腐败，保证中国特色反腐倡廉建设始终沿着正确的政治方向向前发展。

——人民群众和专门机关是反腐倡廉建设的依靠力量。反腐败是你死我活的长期政治斗争，必须解决好“依靠谁”的问题。人民群众是中国共产党反腐倡廉建设可以依赖并必须依赖的主力军，是战胜腐败的强大力量。新形势下，党依靠群众有序参与反腐倡廉建设的基本途径，不是搞群众运动，而是发展民主，包括人民民主和党内民主。只有发展民主，让人民监督政府，政府才不敢懈怠；让党员群众监督干部，干部才不敢腐败。依靠人民群众开展反腐倡廉建设，要充分创造条件，健全民主制度，丰富民主形式，拓宽群众有序参与渠道，保证群众的选举权、知情权、参与权、表达权、监督权等民主权利。与此同时，要切实发挥专门反腐机关的职能作用。在中国特色反腐倡廉组织体系内，执政党系统内有纪委，行政系统内有监察机关、预防腐败局、审计机关，司法系统内有检察院的反贪机关和职务犯罪预防机关等。专门机关在广大人民群众的积极支持下，在以宪法和党章为核心的中国特色反腐倡廉制度体系下，依法依纪开展反腐败工作。

相关链接

延安窑洞对

有一回，毛泽东问我感想怎样？

我答：我生六十多年，耳闻的不说，所亲眼看到的，真所谓“其兴也勃焉”，“其亡也忽焉”，一人，一家，一团体，一地方，乃至一国，不少单位都没有能跳出这周期率的支配力。大凡初时聚精会神，没有一事不用心，没有一人不卖力，也许那时艰难困苦，只有从万死中觅取一生。既而环境渐渐好转了，精神也就渐渐放下了。有的因为历时长久，自然地惰性发作。由少数演为多数，致风气养成，虽有大力，无法扭转，并且无法补救。也有为了区域一步步扩大了，它的扩大，有的出于自然发展，有的为功业欲所驱使，强求发展，到干部人才渐见竭蹶、艰于应付的时候，环境倒越加复杂起来了，控制力不免趋于薄弱了。一部历史，“政怠宦成”的也有，“人亡政息”的也有，“求荣取辱”的也有。总之没有能跳出这周期率。中共诸君从过去到现在，我略略了解的，就是希望找出一条新路，来跳出这周期率的支配。

毛泽东答：我们已经找到新路，我们能跳出这周期率。这条新路，就是民主。只有让人民来监督政府，政府才不敢松懈。只有人人起来负责，才不会人亡政息。

——选自黄炎培著《延安归来》第二篇《延安五日记》。

——惩治和预防腐败体系是反腐倡廉建设的战略支点。有效反腐败需要建立一个可靠的路径，建立国家廉政体系是许多国家和地区反对和防止腐败的共同做法。在充分吸收国际先进经验的基础上，中国共产党从本国国情出发，适应新时期推进反腐倡廉工作的需要，着眼于从源头上防止腐败，提出构建中国特色国家廉政体系的目标。作为中国特色国家廉政体系的具体表现形式，惩治和预防腐败体系是反腐倡廉建设在实践路径上的战略支点。区别于以往的传统反腐思路，这一体系强调统筹推进的方法论，根据形势发展需要，把改革的推动力、教育的说服力、制度的约束力、监督的制衡力、惩治的威慑力结合起来，增强体系建设的综合效能；把战略性目标与阶段性目标任务结合起来，既立足当前，又着眼长远；把各方面力量有效整合起来，充分发挥各行业各部门的优势，增强体系建设的整体合力。在惩治和预防“两手抓，两手都要过硬”的同时，要求更加注重治本，更加注重预防，更加注重制度建设，以建设性思路、举措和方法推进反腐倡廉建设，形成有利于反腐倡廉工作的思想观念、文化氛围、体制条件、法制保证和工作机制。

任何国家都有自己特定的基本国情，不论是走什么样的反腐倡廉建设道路或选择什么样的反腐败模式，必然是那个国家各种因素共同作用的结果，世界上也没有哪一个国家的反腐败模式与其他国家完全相同。中国共产党自成立以来，对消极腐败现象的认识和反腐败的决心始终是清醒一贯的，反腐成效是显著的；特别在改革开放以来，逐步探索形成了符合中国国情的反腐倡廉指导思想、基本原则、战略方针、工作格局、领导体制和工作机制及法规制度体系，走出了一条中国特色反腐倡廉建设道路。与鼓吹只有“三权鼎力”、多党轮流执政才能解决腐败问题的西方模式迥然不同的是，中国特色反腐倡廉建设道路是“是符合中国社会主义初级阶段基本国情的，是符合中国各族人民意愿的，是符合反腐败和廉政建设规律的”①，不仅得到广大党员干部和人民群众的

---

① 国务院新闻办公室：《中国的反腐败和廉政建设》(2010 年 12 月)，人民出版社 2011 年版，第 34 页。

支持和认可，也得到国际社会的广泛关注。它是由中国自身的政权性质、基本国情和反腐倡廉的发展逻辑所决定的，也是未来取得反腐败胜利的根本前提，必须长期坚持。

8.4.2　走中国特色反腐倡廉道路的基本要求

——坚持用发展着的马克思主义指导中国特色反腐倡廉建设实践。所谓“发展着的马克思主义”，主要是指马克思主义与本国国情相结合、与时代特征相结合的最新理论成果。在社会主义中国，坚持指导思想上的与时俱进，用发展着的马克思主义指导反腐倡廉实践，是党执政以来特别是改革开放以来中国反腐倡廉实践不断取得胜利的成功经验、适应反腐倡廉工作动态要求和不断深入的客观要求，是中国特色反腐倡廉道路得以发展完善的首要原则。发展着的马克思主义，是中国共产党立党立国的根本指导思想。反腐倡廉工作的创新和发展，需要我们深刻理解、牢牢把握毛泽东思想和中国特色社会主义理论体系中关于反腐倡廉建设的重要内容，坚持用马克思主义立场、观点、方法分析形势、解决问题。

——坚持党要管党、从严治党，保证党对中国特色反腐倡廉建设的正确领导。办好中国的事情，关键在党。党的领导是当代中国各项事业取得成功的政治保证。反腐倡廉建设不仅是党的建设的重要组成部分，而且也是中国特色社会主义的重要组成部分。但“己不正，焉能服人”，打铁还需自身硬。作为执政党，中国共产党首要的是搞好自身建设，从严治党。面对“四大考验”和“四个危险”，更应加强自身廉政建设。同时，坚持党对反腐倡廉建设的领导，是党在社会主义事业的领导核心地位的题中应有之义。当代中国的一切事情，“说到底，关键是我们共产党内部要搞好，不出事，就可以放心睡大觉”①。只有坚持中国共产党的领导，才能保证反对和防治腐败的正确方向，才能确立和坚持正确的反腐败指导思想、基本原则和领导体制，才能凝聚反腐败整体合力，更加有效地反对和防治腐败。

——坚持“标本兼治、综合治理、惩防并举、注重预防”

① 《邓小平文选》第 3 卷，人民出版社 1993 年版，第 381 页。

方针，以惩治和预防腐败体系为重点，加强反腐倡廉建设，建设廉洁政治和廉洁社会。腐败现象生成和蔓延的原因具有多样性与复杂性。这就决定反腐倡廉建设是一项复杂的系统工程。世界反腐败实践表明，构建国家廉政体系是有效预防和治理腐败的成功经验和普遍做法，注重从源头上治本，强调以教育、制度、监督等多种方式预防腐败的滋生和蔓延。2005 年初，党中央颁布《关于建立健全教育、制度、监督并重的惩治和预防腐败体系实施纲要》，明确提出要建立与社会主义市场经济体制相适应的教育、制度、监督并重的惩治和预防腐败体系，坚持“教育是基础、制度是保证、监督是关键”，使三者统一于惩治和预防腐败体系之中。党的十七大进一步提出以完善惩治和预防腐败体系为重点加强反腐倡廉建设，建设中国特色社会主义廉洁政治和廉洁社会。反腐倡廉战略方针的确立，标志着党已经摆脱过去那种单纯地靠惩治和打击，“头痛医头、脚痛医脚”的简单化反腐败思路。党的十八大强调，全面推进惩治和预防腐败体系建设。党的十八届三中全会从形成科学有效的权力制约和协调机制、加强反腐败体制机制创新和制度保障、健全改进作风常态化制度三个方面做了详细部署。这些是当前我们推进反腐倡廉建设的新思路和指导思想。

——坚持解放思想、实事求是、与时俱进、求真务实的思想路线，以改革创新的精神推进领导干部廉洁自律、查办腐败大案要案、纠正不正之风反腐败三项工作格局，继续加强反腐倡廉法规制度体系建设。改革开放以来，党始终坚持解放思想、实事求是、与时俱进、求真务实，坚持反腐倡廉建设与不同历史时期经济社会发展相适应、与推进党的建设新的伟大工程相适应，拓宽防治腐败工作领域，推动教育、制度、监督、改革、民主、纠风、预防与惩治各项工作的协调作战，加强反腐败国际合作与交流，不断促进反腐败工作理念、思路、方法和体制机制制度的创新发展，在反腐倡廉建设规律的认识上和实践上逐步深化发展，走出了一条具有中国特色的反腐倡廉建设道路。要以建立健全惩治和预防腐败体系各项制度为重点，以制约和监督权力为核心，以提高制度执行力为抓手；要加强整体规划，抓紧重点突破，逐步建成内容科学、程序严密、配套完备、有效管用的反腐倡廉制度体系；切实提高制度执行力，增强制度实效，筑牢用制度体系反腐败的坚固“栅栏”和“笼子”。

——坚持发挥社会主义制度的优越性，建立和完善符合现阶段国情的反腐倡廉领导体制和工作机制，形成反腐倡廉建设强大合力。党风廉政建设和反腐败工作是全党全社会的共同任务。坚持在党的正确领导下，通过发挥社会主义制度的优越性，凝聚智慧，深入推进反腐倡廉工作体制机制与制度的改革创新，完全可以形成反腐败工作的整体合力，通过体制创新逐步铲除腐败现象产生的土壤和条件。在体制机制创新中，反腐倡廉体制和工作机制尤为关键。党的十五大将反腐败领导体制和工作机制表述为“党委统一领导，党政齐抓共管，纪委组织协调，部门各负其责，依靠群众的支持和参与”，这标志着中国特色的反腐倡廉领导体制和工作机制正式确立。这一新的领导体制和工作机制，明确了各级党委、政府、纪委、部门以及人民群众在中国特色反腐倡廉建设中的定位，为夺取反腐败斗争的全面胜利提供了可靠的组织保障。此后，党中央强调继续全面加强惩治和预防腐败体系建设；健全权力运行制约和监督体系；加强反腐败国家立法，加强反腐倡廉党内法规制度建设；深化腐败问题多发领域和环节的改革；形成不敢腐的惩戒机制、不能腐的防范机制、不易腐的保障机制，等等。党的十八大以来，新一届中央领导集体提出在制度层面、机制层面、立法层面采取全方位行动，规范约束权力，强化监督，这是反腐败的治本之策。

——坚持有批判性的开放学习精神，在立足中国现实国情、推进马克思列宁主义反腐倡廉理论中国化的基础上，既要充分运用中华民族优秀的传统廉政文化资源，又要注意研究和借鉴人类社会开展反腐倡廉工作的理论和经验。在当今世界，“实现社会的稳定和发展，是人心所向，大势所趋。同社会上存在的贪污现象作坚决斗争，是世界各国人民在追求稳定和发展过程中面临的一个共同课题”①。因此，处在

① 江泽民：《江泽民论有中国特色社会主义》（专题摘编），中央文献出版社 2002 年版，第 426 页。

全球化进程中的中国特色反腐倡廉建设事业不能闭门自守，要有批判性的开放学习精神。国际社会在反腐败斗争过程中所积累的实践经验和理论成果，属于人类政治文明成果，对坚持和发展中国特色反腐倡廉建设道路是有益的，应批判地大胆吸收和借鉴。要立足于中国特殊国情，及时总结自己的实践经验，在深入研究中国特色反腐倡廉建设特点和规律的基础上，借鉴国际社会的有益做法，吸收中华民族传统廉政文化资源，古为今用，洋为中用，使之为坚持走中国特色反腐倡廉道路服务。加强反腐败国际交流合作，不仅有利于世界各国更加有效地惩治和预防腐败，而且有利于实现各国人民要求政治廉洁的共同期盼。“中国政府高度重视在反腐败领域同世界各国和有关国际组织进行合作”。“我们主张，各国应该在互相尊重主权的前提下开展互利互惠的国际合作，在尊重各国国情的基础上加强反腐败务实合作”①，实行开门式反腐，不断提升反腐倡廉建设科学化水平。

① 胡锦涛：《在国际反贪局联合会第一次年会暨会员代表大会上的讲话》，《人民日报》2006 年 10 月 24 日。

第9章　深化党的建设制度改革

9.1　制度带有根本性全局性稳定性长期性

9.1.1　党的制度的内涵及其特点

党的制度是党内各种行为规范的准则，是以党章为依据，以民主集中制为基础和核心，以完善党的领导体制和执政方式，保持党的先进性和纯洁性为指向的党内一整套法规制度的总称，包括党内法规、条例、体制、规则、程序等。党的制度具有根本性、全局性、稳定性和长期性等鲜明特点。

党的制度具有根本性的特点。党是一个庞大的组织体，是依据民主集中制组织起来的先锋队。民主集中制是党的根本组织原则，也是根本的组织制度。党的建设是一项系统工程，包括思想建设、政治建设、组织建设、作风建设、反腐倡廉建设和制度建设等方面。它们互相渗透、互相依存，形成一个统一的整体。其中制度建设具有根本性。早在改革开放之初，邓小平就在《党和国家领导制度的改革》一文中，论述了制度建设的重要性，指出："要解决思想问题，也要解决制度问题"，"制度问题不解决，思想作风问题也解决不了"①。这就告诉我们，有了好的制度的保证，才能使党的思想、政治、组织、作风反腐倡廉等方面的建设得到贯彻落实；没有健全的制度，或制度不好，其他建设也解决不了。有的问题即使解决了，成果也不能巩固。

党的制度具有全局性的特点。党的制度是把长期以来党在领导工作中和党内生活中取得的经验教训加以总结概括形成的、各级党组织和党员必须共同遵守的各种党内规章制

① 《邓小平文选》第2卷，人民出版社1994年版，第332、338页。

度，是党的根本行动准则和依据，对每一个党组织和党员干部都有约束力。因此，制度好，就可以有效地约束违背党的利益的行为，使党内不正之风和腐败现象无法立足；否则，会妨碍党的肌体的健康，妨碍党的目标的实现，甚至使党变质。

> 我们过去发生的各种错误，固然与某些领导人的思想、作风有关，但是组织制度、工作制度方面的问题更重要。这些方面的制度好可以使坏人无法任意横行，制度不好可以使好人无法充分做好事，甚至会走向反面。……领导制度、组织制度问题更带有根本性、全局性、稳定性和长期性。这种制度问题，关系到党和国家是否改变颜色，必须引起全党的高度重视。
>
> ——《邓小平文选》第 2 卷，人民出版社 1994 年版，第 333 页。

党的制度具有稳定性的特点。党的各项制度都是在实践中逐步形成，并经过一定的程序和相应党的权力机关制定和颁布的。随着形势的发展和客观条件的变化，一些党的制度需要修改和完善。其修改和废除也要由相应的授权机关经过一定的程序实施。在没有修改和废除之前，原有的制度和制度条文就不失其效力。因此，党的制度比领导者个人的民主作风、习惯、经验更稳定，一旦形成，便不易变动。它不因领导者的更迭而废止，不因领导者看法和注意力的改变而改变。

党的制度具有长期性的特点。经验是宝贵的，要使它能够流传下去，就要借助于制度，因为制度可以保存、传递和再现经验，党内制度能够把一定时期党的政治生活中的好经验、好传统用条文的形式保存下来，传之久远，以指导和规范今后时期的党内政治生活。这样，就能使后来人在处理党内关系遇到类似问题时有所遵循，使党的民主集中制原则得到稳定地实行，使党的事业不断延续和发展。

9.1.2 党的制度建设的地位和作用

党的制度建设就是随着党的自身发展而逐步建立、修正、丰富和完善党内各种行为规范准则的过程。

党的制度建设与党的思想建设、组织建设、作风建设和反腐倡廉建设一样，都是党的建设系统工程的重要组成部分，它们都分别承担党的建设某个方面的任务，在职责上都有特定的范围和分工，但它们之间又是相互联系、相互促进的。

一方面，党的思想建设、组织建设、作风建设和反腐倡廉建设是制度建设赖以进行和发展的前提和基础。党的制度是党的建设经验、优良传统和成果的规范化、条文化，离开党的思想建设、组织建设、作风建设和反腐倡廉建设，党的经验、优良传统和成果就不可能产生，制度建设也不能进行。

另一方面，党的制度建设能够巩固和发展党的思想建设、组织建设、作风建设和反腐倡廉建设的成果。党的其他方面建设的经验、优良传统和成果如果不上升到党内法规和制度的层次，就不能使其得到巩固和传承。

因此，党的制度建设既贯穿、融汇于其他各项建设之中，又以规范化、条文化的形式对党的建设起到支撑、承载和具体体现的作用，带有根本性。

9.2 党的建设制度化历程

党的建设制度化经历了一个长期发展的历程。民主革命时期，党对制度建设进行了初步探索，制定和逐步完善了党的章程，确立了民主集中制和党代表大会年会制，确立了党的领导、活动、纪律、监督等一系列制度，为党的制度建设奠定了初步基础。

中华人民共和国成立后，党在基本沿袭战争年代形成的党的领导体制基础上，对自身制度建设与党对国家等领导制度上进行创新，其中包括建立党对国家的领导制度；提出党的代表大会常任制；进一步加强民主集中制建设，并把民主集中制推广到国家的政权建设和政治生活中；改进党的集体领导制度；初步构建了干部制度；加强了党的监督制度建设。但是，由于党和国家领导制度不健全，由于民主集中制原则和集体领导原则逐步遭到破坏，党在探索社会主义建设道路中难以避免的错误未能得到及时纠正，给党、国家、人民带来严重灾难，留下了惨痛教训。

"文化大革命"结束以后，中国共产党在深刻反思这一段历史的基础上，充分认识到党的制度建设的重要性，把它作为一项事关全局的基础性工作来抓。1978 年，党的十一届三中全会鲜明提出了健全党的民主集中制，健全党规党章，严肃党纪的任务。1980 年 8 月，邓小平在《党和国家领导制度的改革》的重要讲话中，对制度问题的重要性及其在党的建设中的地位、作用、意义，对当前制度存在的弊端以及如何进行制度建设，对改革现行制度的指导思想、方法、步骤，都作了深刻的阐述。1983 年，党的十二届二中全会通过的《中共中央关于整党的决定》中提出：要努力建立、健全和改革党内生活的各种必要制度。1986 年党的十二届六中全会通过的《中共中央关于社会主义精神文明建设指导方针的决议》指出："建设好的党风，思想教育很重要，制度建设也很重要。必须努力改革和完善党的组织制度和工作制度，严格执行党的纪律，建立和健全党内监督制度和人民监督制度，使各级领导干部得到有效的监督。"1987 年召开的党的十三大，深刻总结了党的制度建设的经验，研究了经济体制改革对党的建设的要求；提出了切实加强党的制度建设的任务，走出一条制度建设的新路子。

党的十三届四中全会以后，以江泽民为核心的党的第三代中央领导集体，注重用制度建设推进党的经常性工作。坚持把制度建设贯穿于思想建设、政治建设、组织建设、作风建设的全过程，推进党的制度建设的发展与创新。1994 年 9 月，党的十四届四中全会通过的《中共中央关于加强党的建设几个重大问题的决定》提出，要进一步贯彻执行民主集中制这一党的根本组织制度和领导制度。1999 年 1 月，江泽民在十五届中央纪委第三次全会上又指出："从严治党，严肃党纪，最根本的就是全党各级组织和全体党员、干部，都要做到严格按照党章办事，按照党内政治生活准则和党的各项规定办事。”2002 年 7 月，中央修订印发的《党政领导干部选拔任用工作条例》提出：坚持与时俱进、扩大民主、完善程序、创新制度，在促进优秀人才脱颖而出和干部能上能下方面、在建立科学的监督管理机制方面迈出了新步伐。

党的十六大以后，以胡锦涛为总书记的党中央高度重视党的制度建设。2004 年 10 月，中央修订印发《中国共产党党员权利保障条例》，进一步对党员的学习权、讨论权、知情权以及申诉权、控告权等做了制度性的规定。2004 年 9 月，党的十六届四中全会通过的《中共中央关于加强党的执政能力建设的决定》提出，要建立和完善党内情况通报制度、情况反映制度、重大决策征求意见制度，建立健全常委会向全委会负责、报告工作和接受监督的制度。2005 年 1 月，胡锦涛在十六届中央纪委第五次全会上强调，要“继续在完善制度上下功夫，推进反腐倡廉工作的制度化、法制化，发挥法规制度的规范和保障作用”。2006 年 1 月，胡锦涛在十六届中央纪委第六次全会上再次强调，要“进一步加强制度建设，加强以党章为核心的党内法规制度体系建设，着力提高制度的科学性、系统性、权威性”。2009 年 9 月，党的十七届四中全会通过的《中共中央关于加强和改进新形势下党的建设若干重大问题的决定》明确提出，要“不断推进党的建设实践创新、理论创新、制度创新，建立健全以党章为根本、以民主集中制为核心的制度体系，推进党的建设科学化、制度化、规范化，发展党内民主，保障党的团结统一，增强党的创造活力”。2011 年 7 月，胡锦涛在庆祝中国共产党成立 90 周年大会上的讲话中指出：90 年来党的发展历程告诉我们，建设好、管理好一个有几千万党员的大党，制度更带有根本性、全局性、稳定性、长期性。在新的历史条件下提高党的建设科学化水平，必须坚持用制度管权管事管人，健全民主集中制，不断推进党的建设制度化、规范化、程序化。必须始终把制度建设贯穿到党的思想建设、组织建设、作风建设和反腐倡廉建设之中，坚持突出重点、整体推进，继承传统、大胆创新，构建内容协调、程序严密、配套完备、有效管用的制度体系。

2012 年召开的党的十八大进一步强调，要把制度建设摆在突出位置，并对党员干部联系群众制度、健全党内民主制度体系、深化干部人事制度改革、全面推进惩治和预防腐败体系建设等进行了部署。

党的十八大之后，中共中央政治局召开会议审议通过了关于改进工作作风、密切联系群众的八项规定，并强调首先从中央政治局做起。

2013 年 1 月，习近平在十八届中央纪委二次全会上发表重要讲话，强调党要管党，从严治党，“把权力关进制度的笼子里，形成不敢腐的惩戒机制、不能腐的防范机制、不易腐的保障机制”。

2013 年 11 月召开的党的十八届三中全会通过了《中共中央关于全面深化改革若干重大问题的决定》(以下简称《决定》)，吹响了全面深化改革的号角，明确了全面深化改革的总目标是完善和发展中国特色社会主义制度，推进国家治理体系和治理能力现代化。全会通过的《决定》用“六个紧紧围绕”阐明了全面深化改革的基本任务和总体思路，将党的建设制度改革同经济体制、政治体制、文化体制、社会体制、生态文明体制改革一起进行整体部署，首次明确提出了“深化党的建设制度改革”的重大课题和重大任务。

相关链接

全面深化改革的总目标和“六个紧紧围绕”

全面深化改革的总目标是完善和发展中国特色社会主义制度，推进国家治理体系和治理能力现代化。必须更加注重改革的系统性、整体性、协同性，加快发展社会主义市场经济、民主政治、先进文化、和谐社会、生态文明，让一切劳动、知识、技术、管理、资本的活力竞相迸发，让一切创造社会财富的源泉充分涌流，让发展成果更多更公平惠及全体人民。

紧紧围绕使市场在资源配置中起决定性作用深化经济体制改革，坚持和完善基本经济制度，加快完善现代市场体系、宏观调控体系、开放型经济体系，加快转变经济发展方式，加快建设创新型国家，推动经济更有效率、更加公平、更可持续发展。

紧紧围绕坚持党的领导、人民当家作主、依法治国有机统一深化政治体制改革，加快推进社会主义民主政治制度化、规范化、程序化，建设社会主义法治国家，发展更加广泛、更加充分、更加健全的人民民主。

紧紧围绕建设社会主义核心价值体系、社会主义文化强国深化文化体制改革，加快完善文化管理体制和文化生产经营机制，建立健全现代公共文化服务体系、现代文化市场体系，推动社会主义文化大发展大繁荣。

紧紧围绕更好保障和改善民生、促进社会公平正义深化社会体制改革，改革收入分配制度，促进共同富裕，推进社会领域制度创新，推进基本公共服务均等化，加快形成科学有效的社会治理体制，确保社会既充满活力又和谐有序。

紧紧围绕建设美丽中国深化生态文明体制改革，加快建立生态文明制度，健全国土空间开发、资源节约利用、生态环境保护的体制机制，推动形成人与自然和谐发展现代化建设新格局。

紧紧围绕提高科学执政、民主执政、依法执政水平深化党的建设制度改革，加强民主集中制建设，完善党的领导体制和执政方式，保持党的先进性和纯洁性，为改革开放和社会主义现代化建设提供坚强政治保证。

——《中共中央关于全面深化改革若干重大问题的决定》(2013 年 11 月 12 日中国共产党第十八届中央委员会第三次全体会议通过)。

从在实践中开始党的制度建设，到思想上深刻认识到领导制度、组织制度问题更带有根本性、全局性、稳定性和长期性；从加强党的制度建设，到明确提出“深化党的建设制度改革”的重大课题和重大任务，党的建设呈现出制度化、科学化、规范化趋势。这表明，中国共产党对自身建设一以贯之地高度重视，对党的建设特别是党执政以后自身建设规律的认识在不断深化。

9.3 深化党的建设制度改革的基本内涵和重大意义

9.3.1 深化党的建设制度改革的基本内涵

党的十八届三中全会提出的“深化党的建设制度改革”这一重大命题和重大任务，不同于以往所说的加强党的制度建设。党的建设制度改革在其基本内涵有其特殊规定性。

——从党的建设制度改革与党的制度建设的主要内容看，党的制度建设侧重于党的自身建设中制度方面的建设，而党的建设制度改革则侧重于党的建设的整体制度改革。

党的制度建设是党的建设的重要组成部分，侧重的是建设，主要是通过健全民主集中制的各项制度、体制、机制保证党的组织健康良性运行。党的建设的各个方面如思想建设、组织建设、作风建设、反腐倡廉建设等都有制度方面的内涵和要求，都要靠加强党的制度建设来保障。党的制度建设主要是一个制定完善相关制度、强化制度执行的过程，其中制度制定涉及范围广泛，既包括不断修订完善党章这一党内根本法规，也包括根据党的建设的需要制定完善党内准则、条例、规则和具体的制度规范；在制度执行中既包括完善制度执行的体制机制，也包括提高执行各环节的能力水平成效等。

与党的制度建设相比较，党的建设制度改革是全面深化改革的重要组成部分，侧重的是改革，主要是改革党的制度中与党的建设规律、党内实际状况、党面临的形势任务要求、改革总体进程不相适应的部分，以改革实现党的制度的自我完善，以党的建设制度改革促进和保证党领导的改革事业。

因此，党的制度建设是党的建设制度改革的基础和前提，党的建设制度改革是当前加强党的制度建设的必然选择和逻辑延伸。从党的制度建设提升到党的建设制度改革，开拓了健全完善党的制度的新路径，也开辟了党的制度建设的新领域、新境界。

——从党的制度建设和党的建设制度改革的地位和作用看，党的制度建设是“五位一体”的党的建设总体布局的一部分，与党的其他方面的建设如思想建设、组织建设、作风建设、反腐倡廉建设相联系。而党的建设制度改革是全面深化改革总体布局的重要组成部分，与完善和发展中国特色社会主义制度，推进国家治理体系和治理能力现代化相联系，与经济体制改革、文化体制改革、政治体制改革、社会管理体制改革、生态文明体制改革相联系。

在建设中国特色社会主义的“五位一体”总体布局中，建设学习型、服务型、创新型的马克思主义执政党将为其提供路线方针政策的正确指引、凝聚各族人民力量的坚强核心、应对各种风险挑战的坚强领导。同样，在实施全面深化改革这一庞大的社会系统工程中，也必须在党的领导下进行，以党的建设制度改革加以保证，避免出现颠覆性错误，不能偏离全面深化改革的总目标，既不走封闭僵化的老路，也不走改旗易帜的邪路，始终保持改革的正确方向。

因此，我们一方面要通过深化经济体制改革、政治体制改革、文化体制改革、社会体制改革、生态文明体制改革，来扫除阻碍经济社会发展的体制机制障碍，推进经济建设、政治建设、文化建设、社会建设、生态文明建设，实现“两个一百年”的奋斗目标；另一方面，要通过深化党的建设制度改革，建设学习型、服务型、创新型的马克思主义执政党，确保党始终成为中国特色社会主义事业的坚强领导核心。

——从党的建设制度改革的指向看，党的制度建设是要通过健全民主集中制的各项制度、体制、机制来保障党的思想建设、组织建设、作风建设、反腐倡廉建设的成果，从制度上保证党的组织健康良性运行；而党的建设制度改革是要改革党的建设制度中不适应新形势新任务要求的部分、不符合党的建设面临的新情况新问题的部分，使党能够更好地发挥总揽全局、协调各方的领导核心作用。必须建设学习型、服务型、创新型的马克思主义执政党，提高党的领导水平和执政能力，协同推进各方面的改革，破除瓶颈，排除阻力，涉险过滩，确保改革取得成功。

因此，面对世情国情党情的深刻变化，面对“四大考验”和“四个危险”，必须通过改革使党的建设制度改进完善，既坚持已有的成功经验，又赋予其时代化、科学化的新内容，使其在科学化、规范化、程序化、系统化等方面有一个新的提升，以适应全面深化改革的需要。

9.3.2　深化党的建设制度改革的重大意义

深化党的建设制度改革是巩固党的领导地位、履行党的执政使命的必然要求。

中国共产党是中国特色社会主义事业的坚强领导核心，也是全面深化改革的坚强领导核心。《中共中央关于全面深化改革若干重要问题的决定》指出："全面深化改革必须加强和改善党的领导，充分发挥党总揽全局、协调各方的领导核心作用，建设学习型、服务型、创新型的马克思主义执政党，提高党的领导水平和执政能力，确保改革取得成功。"只有紧紧围绕提高科学执政、民主执政、依法执政水平深化党的建设制度改革，加强民主集中制建设，完善党的领导体制和执政方式，保持党的先进性和纯洁性，提高党的领导水平和执政能力，全面深化改革才能取得成功。

——党领导的伟大事业和党的建设伟大工程是紧密联系在一起的。党的建设制度改革与深化经济体制改革、政治体制改革、文化体制改革、社会体制改革、生态文明体制改革也是紧密联系在一起的。在实现"两个一百年"奋斗目标、实现中华民族伟大复兴的中国梦的进程中，只有以改革创新的精神全面推进党的建设新的伟大工程，提高党的领导水平和执政水平，才能更好地承担起光荣而艰巨的历史使命，从根本上保障伟大事业的发展。只有深化党的建设制度改革，才能为深化经济体制改革、政治体制改革、文化体制改革、社会体制改革、生态文明体制改革提供坚强的政治保障和组织保障。

党的建设制度改革适应了与建设中国特色社会主义"五位一体"总布局相联系的"五大体制"改革的需要，并为之提供正确方向的保证。我们不仅要在建设中国特色社会主义总体布局中加强党的建设，也要在全面深化改革的总体布局中深化党的建设制度改革，从而把伟大事业的推进和伟大工程的实施统一起来，把筹划领导改革和保障实施改革结合起来，增强改革的系统性、整体性、协同性，使全面深化改革得以顺利推进，不断增强全面深化改革的成效，为坚持和发展中国特色社会主义、实现“两个一百年”的奋斗目标、实现伟大的中国梦提供源源不断的推动力。

党的建设制度改革是全面深化改革的重要内容和重要保障，党领导和推动的改革事业越是向纵深推进，越需要加强党的自身建设，深化党的建设制度改革。国家治理体系和治理能力现代化内含着党的执政能力现代化，党的建设制度改革成效如何、进展如何，直接关系着全面深化改革总目标的实现。坚持正确的改革方向，提高领导改革水平，都对党的建设提出了新的更高要求。深化党的建设制度改革，着眼点正是提高党的科学执政、民主执政、依法执政水平，出发点和落脚点正是保证全面深化改革顺利推进。我们必须按照这个着眼点、出发点和落脚点，不断深化党的建设制度改革，进一步提高党的建设科学化水平。

因此，深化党的建设制度改革，既是全面深化改革的重要内容，又是使党更好地成为全面深化改革的坚强领导核心的内在要求，具有极为重大的现实意义。

9.4　积极稳妥扎实深入推进党的建设制度改革

正因为党的建设制度改革是全面深化改革的重要内容和重要保障，党领导和推动的改革事业越是向纵深推进，越需要加强党的自身建设，深化党的建设制度改革，正因为然国家治理体系和治理能力现代化内含着党的执政能力现代化，党的建设制度改革成效如何、进展如何，直接关系着全面深化改革总目标的实现，所以，以习近平为总书记的党中央明确要求必须积极稳妥扎实深入推进党的建设制度改革，并对此进行了部署。①

——深化党的建设制度改革，根本方向是加强和改善党的领导，提高党的执政能力、巩固党的执政地位。要通过深

① 参见中共中央政治局常委刘云山在省部级主要领导干部学习贯彻十八届三中全会精神全面深化改革专题研讨班上的报告(2014 年 2 月 19 日)。

化改革，把党的领导更好地体现到治国理政的各方面，完善党总揽全局、协调各方的领导体制和工作机制，有利于党的政治领导、思想领导、组织领导的落实，有利于党的基本理论、基本路线、基本纲领、基本经验、基本要求的贯彻。

——深化党的建设制度改革，要着眼于调动各级党组织和广大党员干部投身改革的积极性主动性创造性，营造鼓励改革、支持改革的良好环境，强化敢于担当、攻坚克难的用人导向，形成同心协力促改革、谋发展的强大力量。

——深化党的建设制度改革，要坚持统筹谋划、突出重点；缺位的抓紧建立，不全面的尽快完善，不合理的坚决革除，不适应的努力改进，使党的建设制度更加成熟更加定型。

——深化党的建设制度改革，要从五个方面着力：

第一，着力深化党的组织制度改革，更好地坚持民主集中制，严格党内生活，强化组织纪律。

民主集中制是党的根本组织制度和领导制度。加强民主集中制建设，是提高党的科学执政、民主执政、依法执政水平的根本保证。《决定》从不同角度对加强民主集中制建设提出了一系列要求，其中包括：完善决策机制，提高决策水平；进一步完善各级党委、政府的运行机制，规范各级党政主要领导干部的职责权限，科学配置党政部门及内设机构权力和职能，明确职责定位和工作任务等。

第二，着力深化干部选拔任用制度改革，抓紧解决干部选拔任用中的新情况新问题，构建有效管用、简便易行的选人用人机制，培养选拔党和人民需要的好干部。

《决定》所强调的深化党的建设制度改革的重点任务之一，就是深化干部人事制度改革。要发挥党组织的领导和把关作用，强化党委(党组)、分管领导和组织部门在干部选拔任用中的权重和干部考察识别的责任。根据《决定》精神，完善干部选拔任用相关制度，主要是完善民主推荐、民主测评制度；改进竞争性选拔干部办法；区分实施选任制和委任制干部选拔方式；改进优秀年轻干部培养选拔机制，同时要用好各年龄段干部。

第三，着力深化干部管理制度改革，针对干部管理工作中的漏洞，扎紧制度的笼子。

《决定》在这方面提出了一系列要求。一是打破干部部门化，拓宽选人视野和渠道，加强干部跨条块跨领域交流。二是破除“官本位”观念，推进干部能上能下、能进能出。三是完善从严管理干部队伍制度体系，完善和落实领导干部问责制，建立健全问责干部复出的制度，健全治理干部队伍庸、懒、散、奢等问题的机制。四是深化公务员分类改革。

第四，着力健全改进作风常态化制度，落实八项规定精神，持而不息解决“四风”问题。

作风建设是党的建设的永恒课题，只有进行时没有完成时，只有起点没有终点。这就需要我们以水滴石穿的精神、锲而不舍的韧劲推进作风建设，在“常”、“长”二字上下工夫，做到长期抓、反复抓，实现常态化。《决定》明确提出“改进作风常态化”这个命题，表明我们党对作风建设规律的认识达到了新的高度。常态化与制度化相联系，没有制度化就没有常态化，要进一步健全作风建设的相关制度，建立长效机制。作风建设既是一个长期任务，又具有阶段性特点，不同时期需要解决的问题和重点是不同的。

当前，人民群众对我们党的作风反映最强烈的，主要是“四风”。《决定》明确指出：“围绕反对形式主义、官僚主义、享乐主义和奢靡之风，加快体制机制改革和建设。”围绕这个重点，健全改进作风常态化制度，需要着重抓好以下 7 个方面的工作：一是完善领导干部直接联系群众和服务群众制度，健全领导干部带头改进作风、深入基层调查研究机制。二是健全改进文风会风制度，从中央做起带头减少会议、文件，着力改进会风文风。三是完善艰苦奋斗勤俭节约制度，健全严格的财务预算、核准和审计制度，着力控制“三公”经费支出和楼堂馆所建设。四是健全选人用人制度，完善选人用人专项检查和责任追究制度，着力纠正跑官要官等不正之风。五是改革政绩考核机制，科学确定政绩标准，严格考核政绩和用好政绩考核结果，着力解决“形象工程”、“政绩工程”以及不作为、乱作为等问题。六是规范并严格执行领导干部工作生活保障制度，包括不准多处占用住房和办公用房，不准超标准配备办公用房和生活用房，不准违规配备公车，不准违规配备秘书，不准超规格警卫，不准超标准进行公务接待，严肃查处违反规定超标准享受待遇等问题。探索实行官邸制。七是健全反对特权相关制度，完善并严格执行领导干部亲属经商、担任公职和社会组织职务、出国定居等相关制度规定，防止领导干部利用公共权力或自身影响为亲属和其他特定关系人谋取私利，坚决反对特权思想和作风。各级党委要抓紧建立健全这些方面的制度，并狠抓落实，以优良作风保证《决定》确定的各项改革任务的落实。①

第五，着力健全党的基层组织体系，让基层党组织真正强起来。

党的基层组织是团结带领群众贯彻党的理论和路线方针政策、落实党的任务的战斗堡垒。因此，要落实党建工作责任制，强化农村、城市社区党组织建设，加大非公有制经济组织、社会组织党建工作力度，全面推进各领域基层党建工作，扩大党组织和党的工作覆盖面，充分发挥推动发展、服务群众、凝聚人心、促进和谐的作用，以党的基层组织建设带动其他各类基层组织建设。

在现阶段推动城乡一体化和基层管理创新的背景下，健全党的基层组织体系，就是按照党中央的部署，以党的十八大和十八届三中全会精神和科学发展观为指导，以统筹城乡党建为主线，以加强新型社区、“两新”组织、农民工组织、农村新型合作组织党建工作和农民工党员、流动党员管理为重点，探索建立城乡相结合的组织体系、活动方式和工作机制，促进农村和城市组织共建、党员共管、干部共用、资源共享，逐步形成城乡党建优势互补、互相交融、整体联动、协调发展的良好工作格局，为加快推进城乡经济社会发展提供坚强的组织保证和人才支撑。为此，必须加强基层党组织带头人队伍建设，加强城乡基层党建资源整合，建立稳定的经费保障制度。以服务群众、做群众工作为主要任务，加强基层服务型党组织建设。以增强党性、提高素质为重点，加强和改进党员队伍教育管理，健全党员立足岗位创先争优长效机制，推动广大党员发挥先锋模范作用。严格党内组织生

① 参见江金权：《深化党的建设制度改革为全面深化改革提供坚强保证》，载《党建》2013 年第 12 期。

活，健全党员党性定期分析、民主评议等制度。改进对流动党员的教育、管理、服务。提高发展党员质量，重视从青年工人、农民、知识分子中发展党员。健全党员能进能出机制，优化党员队伍结构。

第六，着力强化权力运行制约和监督体系，建立科学有效的权力制约和协调机制，加强反腐败体制机制创新和制度保障，健全责任追究制度，更好地用制度管权管事管人。

《决定》指出：坚持用制度管权管事管人，让人民监督权力，让权力在阳光下运行，是把权力关进制度笼子的根本之策。必须构建决策科学、执行坚决、监督有力的权力运行体系，健全惩治和预防腐败体系，建设廉洁政治，努力实现干部清正、政府清廉、政治清明。为此，必须形成科学有效的权力制约和协调机制。要在完善党和国家领导体制，坚持民主集中制，充分发挥党的领导核心作用的同时，规范各级党政主要领导干部职责权限，科学配置党政部门及内设机构权力和职能，明确职责定位和工作任务；加强和改进对主要领导干部行使权力的制约和监督，加强行政监察和审计监督；推行地方各级政府及其工作部门权力清单制度，依法公开权力运行流程；完善党务、政务和各领域办事公开制度，推进决策公开、管理公开、服务公开、结果公开。

创新反腐败体制机制，是《决定》强调的深化党的建设制度改革的重点任务之一。旗帜鲜明地反对腐败，是我们党的性质和社会主义制度决定的，也是确保改革成功的内在要求。要坚持中国特色社会主义反腐倡廉道路，加强党对党风廉政建设和反腐败工作的统一领导，健全反腐败领导体制和工作机制，改革和完善各级反腐败协调小组职能，为深入开展反腐败斗争提供强有力的组织领导和制度保障。为此，《决定》明确了以下举措：一是落实党风廉政建设责任制，明确党委负主体责任，纪委负监督责任，制定实施切实可行的责任追究制度。二是改革党的纪律检查体制，推动党的纪律检查工作双重领导体制具体化、程序化、制度化，强化上级纪委对下级纪委的领导。三是健全反腐倡廉法规制度体系，强调完善惩治和预防腐败、防控廉政风险、防止利益冲突、领导干部报告个人有关事项、任职回避等方面的法律法规，推行新提任领导干部有关事项公开制度试点。健全民主监督、法律监督、舆论监督机制，运用和规范互联网监督。

相关链接

为全面深化改革提供坚强保证
党的十八届三中全会以来党的建设制度改革述评

党的建设制度改革是全面深化改革的重要内容和重要保障，党领导和推动的改革事业越是向纵深推进，越需要加强党的自身建设，深化党的建设制度改革。

从政绩考核告别“唯 GDP”到着力培养选拔党和人民需要的好干部，从健全改进作风常态化制度到加强反腐败体制机制创新……党的十八届三中全会以来，党的建设制度改革“实”字当头，进一步深入展开。

培养选拔好干部 改进考核“指挥棒”

2013 年 6 月，全国组织工作会议召开，习近平总书记提出要大力培养选拔党和人民需要的好干部，并明确提出了好干部的二十字标准，从此“好干部”成为党的建设领域高频使用的“热词”。近 5 个月后，党的十八届三中全会提出，“真正把信念坚定、为民服务、勤政务实、敢于担当、清正廉洁的好干部选拔出来”。

围绕新时期好干部的二十字标准，各地区各部门认真贯彻中央要求，突出信念坚定这个第一位要求，突出敢于担当这个必备素质，树立更加鲜明的选人用人导向：

——新疆、西藏等地明确提出把政治上强作为首要标准，大力选拔在反分裂反恐怖斗争中立场坚定、旗帜鲜明的干部。

——很多地方提出大胆启用面对大是大非敢于亮剑、面对矛盾敢于迎难而上、面对歪风邪气敢于坚决斗争、面对失误敢于承担责任的干部，引导干部始终做到党的原则第一、党的事业第一、人民利益第一。

端正导向、扶正抑偏。根据中央要求，中组部制定印发了改进地方党政领导班子和领导干部政绩考核工作的通知、完善竞争性选拔干部方式的指导意见，研究起草加强优秀年轻干部培养选拔工作的意见。

各地区各部门紧密结合实际，完善具体政策措施：广东、重庆等地积极构建体现不同功能区特点的干部考核评价体系；天津等地合理确定竞争性选拔干部的职位、范围和规模；上海坚持面向基层、面向实践、面向群众，发现和储备了一批有发展潜力的优秀年轻干部……

把好干部选出来、用起来，最根本的是构建科学有效、简便易行的选人用人机制。

今年年初，修订后的《党政领导干部选拔任用工作条例》下发，对干部选拔任用的基本原则、标准条件、程序方法和纪律要求作了全面改进完善。随后，《关于加强干部选拔任用工作监督的意见》印发，着眼于大力营造风清气正的用人环境，使选人用人的总章程有了严格的配套措施。

更加完善的选人用人和政绩考核导向，为全面深化改革提供了更加有力的组织保证和人才支撑。

驰而不息反“四风” 改进作风常态化

过去一年多来，从反对“舌尖上的浪费”“车轮上的铺张”，到整治“楼堂馆所的豪华”“节日期间不正之风”……党中央驰而不息反“四风”，步步为营抓落实，作风建设不断加强。

用制度固化作风建设成果。中央办公厅、国务院办公厅会同有关部门，提出了厉行节约反对浪费“1+20”制度建设框架，涵盖预算管理、公务接待、公务用车、因公临时出国、会议活动、办公用房、领导干部待遇、国有企业负责人职务消费以及审计、纪律监督等各方面。

2013 年 11 月 25 日，《党政机关厉行节约反对浪费条例》发布，厉行节约反对浪费工作有了“基本法”。截至目前，“1+20”制度建设已出台《关于党政机关停止新建楼堂馆所和清理办公用房的通知》、《党政机关国内公务接待管理规定》、《中央和国家机关培训费管理办法》、《中央和国家机关会议费管理办法》、《因公临时出国经费管理办法》等制度，关于公车制度改革、关于加强公务支出和公款消费审计的意见、国有企业负责人职务消费管理办法等制度还将陆续出台。

据统计，中央纪委和中央办公厅、国务院办公厅等部门在2013年出台了至少14部约束党政机关及其工作人员的制度规定，涵盖吃、住、行等各方面，不断健全改进作风常态化制度。各地区各部门从中央八项规定入手，不断健全制度规定，党员干部普遍感到，强化作风建设的“紧箍咒”越念越紧，“组合拳”越来越密。

监督权力运行　创新反腐机制

2013年底，《关于进一步做好领导干部报告个人有关事项工作的通知》印发，要求不断强化对领导干部的监督，进一步做好领导干部报告个人有关事项工作，并提出将开展领导干部个人有关事项报告抽查核实工作。

坚持用制度管权管事管人，让人民监督权力，让权力在阳光下运行，是把权力关进制度笼子的根本之策。

针对一些地方和部门干部管理失之于宽、失之于松的问题，中央相继就规范党政干部在企业兼职(任职)，认真执行干部退休、工资接转等出台制度规定。各地区各部门也不断强化制度措施，对干部身上出现的苗头性倾向性问题早发现、早提醒、早纠正。

针对一些“一把手”习惯搞“一言堂”，不少地方和部门对主要领导干部的权力进行制约和监督：山西规定党政主要领导不直接分管人财物，安徽将实行“一把手”“末位表态制”，国家海洋局要求各级领导班子要明确分工、保持制衡……

为进一步拓宽和完善公众监督举报的渠道，中组部“12380”举报平台建成信访、电话、网络、短信“四位一体”综合受理平台，进一步方便群众反映选人用人问题；各级纪检监察机关普遍加强网站建设，开设举报监督专区。

腐败如毒瘤。党的十八届三中全会对健全惩治和预防腐败体系作出重要部署，提出要“加强反腐败体制机制创新和制度保障”，全面落实中央纪委向中央一级党和国家机关派驻纪检机构，改进中央和省区市巡视制度，做到对地方、部门、企事业单位全覆盖。

围绕中央要求，巡视工作改进方式方法，实行巡视组组长不固定、巡视对象不固定、巡视组与巡视对象关系不固定，建立巡视组组长库，一次一授权，选派有经验的办案人员参加巡视，提高了巡视质量和水平。2013年，中央巡视组对20个地方、部门和企事业单位进行巡视，发现涉嫌违纪违法问题的有价值线索比过去增加5倍。

按照中央部署，惩治腐败始终保持高压态势。马年春节过后，反腐持续发力，中央纪委监察部连续两天披露两名副部级官员因涉嫌严重违纪违法接受调查。2013年，中央纪委对涉嫌违纪违法的中管干部已结案处理和正在立案调查的31人，其中涉嫌犯罪被移送司法机关处理8人。

铸就坚强核心，引领追梦航程。

随着党的建设制度改革不断推进，党的创造力凝聚力战斗力必将不断增强，更好地承担起光荣而艰巨的历史使命，为改革开放和社会主义现代化建设提供坚强政治保证。

(据新华社北京3月6日电　记者华春雨)

摘自《人民日报》(2014年3月8日第4版)

后　记

本书是国家新闻出版总署实施的社会主义核心价值体系建设“双百”工程“中国特色社会主义理论体系普及丛书”中的一本，是佘双好教授主持的国家社科基金重大课题“中国特色社会主义理论体系普及计划途径、载体和方法研究”的阶段性成果之一，也是本人主持的国家社科基金重大课题“新形势下党的建设科学化研究”的阶段性成果之一。

为推动社会主义核心价值体系建设和中国特色社会主义理论体系大众化，2012 年夏初时节，顾海良教授和佘双好教授组织武汉大学马克思主义理论学科的部分教师，决定编写一套“中国特色社会主义理论体系普及丛书”，在学术研究的基础上，以通俗的语言分别阐述中国特色社会主义的基本理论、共同理想、核心价值观及各个方面建设，并要求各单本书的作者于同年 7 月写出初稿。待党的十八大召开以后，再根据十八大精神对书稿进行补充修改，2012 年年底交武汉大学出版社，力争 2013 年出齐丛书。

根据统一部署，我承担的是《中国特色社会主义事业领导核心——中国共产党的建设》一本。几经丛书编撰人员集体讨论，特别是顾海良教授的指导，这本书最后定名为《领导核心　执政使命　伟大工程——中国马克思主义执政党建设》，并确定了大致框架。2012 年 7 月下旬，我如期写出了初稿。但后来，由于种种原因，自己没有能在党的十八大召开以后及时修改补充书稿，当然也没法提交正式书稿给出版社，以至于影响了丛书出版计划的如期完成。在此，谨向有关各方表示深深的歉意。好在自己总算在今年四五月间重新启动了对初稿的修改补充工作，并在出版社“最后通牒”的时间内最终完成了书稿。虽不如意，也只能先如此了。

本书由引言和三篇九章组成。引言部分简单勾勒党的历史、党的使命、党在当前所面临的任务、党的建设历程和当前党的建设总部署，引出认识新的历史条件下党的建设重大理论和实践问题的重要性，即增强党的建设理论上的清醒和行动上的自觉。“领导核心篇”分别阐述“中国共产党领导的必然与可能”、“党的领导作用与领导方式和执政方式”、“执政党建设历程和经验”等基础性问题；“应对挑战篇”分别阐述“世情国情党情深刻变化带来的新挑战”、“党面临的考验和危险”、“全面提高党的建设科学化水平”等具有时代特点的问题；“从严治党篇”分别阐述“密切联系群众”、“坚决惩治和有效预防腐败”、“深化党的建设制度改革”等当前党的建设中最具现实意义的问题。

本书在写作中，力图观照中国共产党建设的基本理论与实践，并努力贯彻党的十八大精神和十八大以来以习近平同志为总书记的党中央有关最新精神，特别是党的十八届三中全会精神。

如何把党的建设这样一个很严肃的政治问题用普及读物形式写出来，这对笔者是一个新课题。在有限的时间内，笔者只能在理论阐述上尽可能简明一些、笔调上尽可能平实一些，并在理论阐述的同时采取了相关链接、经典摘编、图表插入、推荐书目等形式。显然，这方面还有很大的提升空间，还需要笔者继续努力。由于笔者水平、精力、时间有限，本书肯定存在诸多不足，诚请读者批评指正。

本书的写作，利用了笔者近年来的有关著述或主编合著的有关著述，也参阅和借鉴了理论界若干研究成果。因为篇幅和编排等原因，书中未能一一加以注释，特此说明，并向有助于本书写作的有关各方表示诚挚谢意。

本书的出版，得到了武汉大学马克思主义学院领导和教师的大力支持和帮助，武汉大学出版社领导和责任编辑也为此付出了辛勤的劳动，虞志坚、吕惠东、易振龙、代红凯等博士生参与了书稿的校对工作，在此一并表示感谢。

丁俊萍

2014 年 5 月 27 日于珞珈山

弘扬社会主义核心价值体系出版工程重点图书

中国特色社会主义理论体系普及读本

总主编：顾海良　佘双好

《**道路　制度　理论体系**——中国特色社会主义基本理论》

《**民族精神　时代精神　共同理想**——中国特色社会主义共同理想》

《**价值观　核心价值观　核心价值体系**——中国特色社会主义核心价值观》

《**道德　人生　社会**——中国特色社会主义道德建设》

《**大众化　时代化　中国故事**——中国特色社会主义理论体系普及路径》

《**人民民主　法治国家**——中国特色社会主义政治发展道路》

《**中国奇迹　中国道路　中国模式**——中国特色社会主义经济建设》

《**吸引力　影响力　文化软实力**——中国特色社会主义文化建设》

《**民生　和谐　幸福**——中国特色社会主义社会建设》

《**资源　环境　生态文明**——中国特色社会主义生态文明建设》

《**领导核心　执政使命　伟大工程**——中国马克思主义执政党建设》

《**民族复兴　和平发展　和谐世界**——中国特色社会主义和平外交战略》